溫美玉備課趴

情緒表達與寫作的雙卡教學實錄

作者

溫美玉・彭遠芬・段淑如・李佳茵・李郁璇
林怡君・徐培芳・楊沛綸・魏瑛娟

彭遠芬　臺南市建功國小中年級老師

腹有詩書氣自華，心思綿密的遠芬老師總是站在孩子的高度，陪伴著孩子走成長的道路。相信閱讀的力量，用書籍餵養孩子的心靈；珍視詩詞的無價，自在的帶領孩子進入文學的世界；寶貝每個孩子的心，運用雙卡建造孩子的生命，一點一滴，轉化偏鄉孩子的心～這張《慈悲》卡就是最大的力量。

段淑如　臺中市忠孝國小低年級老師

聽！鮮活的故事展現在渾身戲胞的淑如老師身上，使出雙卡的祕密武器，攫取活潑小小孩的目光，玩出快樂的讀寫天堂，誰說，低年級的孩子不能讀寫思考，經過老師的魔法他們帶著《得意》卡，寫著一篇又一篇的精采文章，來老師的歡樂教室，包準讓你驚呼連連、讚嘆不已……

李佳茵　臺南市龍潭國小高年級老師

兒童人權捍衛者，讀寫教學偏執狂，無可救藥的文學迷，人稱熱血阿茵。雖然有點任性，還總是緊張兮兮、為小事抓狂，卻有一顆慈悲心，經常為孩子奮不顧身，因他們的成長而感動狂喜。自從使用「情緒」、「性格」雙卡就瘋狂愛上、無法自拔，有人笑她傻，孩子卻說這樣創意十足的教學為他們解開了封印，重獲自信。你說，這是不是好大的《驚喜》？

李郁璇　高雄市新光國小中年級老師

「咻！咻！咻……」隨著一張張投影片的展開，講台上優雅的郁璇老師，正熱烈的分享著她對於閱讀寫作的執著與感動。從文章找尋主角背後的性格與情緒，讓教室裡的每個學生都快樂地忙碌著。對於課程設計有著深入獨到的見解，每場演講總是帶給聽眾不間斷的讚嘆與驚喜。想請問郁璇老師：「您是隨身攜帶《驚喜》卡嗎？」

林怡君　　嘉義縣蒜頭國小高年級老師

「蒜頭……蒜頭……」如蒜頭般嗆辣的怡君老師。

她，用「雙卡」，擄獲孩子學習的胃口；用「寫作」，看見孩子潛藏的創意。衝勁十足地帶領孩子一路搶進讀寫的最高境界，孩子稱呼她有「永不放棄的靈魂」，她還有著「永遠年輕的軀殼」，瞧這張《勇敢》卡是最適合她的！

徐培芳　　臺中市北屯國小中年級老師

嬌小的身軀隱沒在孩子堆中，一雙水汪汪的大眼總能看透孩子的心事。上起課來彷彿悟空般有 72 變，端出多變又逗趣的課程，有了雙卡法寶，輕鬆駕著筋斗雲帶著孩子翱翔於學習的樂園！是萬能點子王，也是全能體能王，讓活力湧現在課堂裡，這張《自信》卡非她莫屬！

楊沛綸　　103 年教育部閱讀推手

高興、愉快、狂喜、感動、舒服、放鬆……誰能一次給足孩子這麼愉悅的幸福，快樂的感受？除了超級故事媽媽沛綸之外，還有誰能有這麼吸睛的能耐呢？

頭腦裡永遠有著無數個新奇的點子，嘴裡永遠有著說不完的故事，只要接觸到沛綸的孩子，永遠都會被她無窮的魔力所吸引，沉浸在《幸福》卡的世界裡呢！

魏瑛娟　　臺南市白河國小低年級老師

肢體語言豐富，說、學、逗、唱樣樣精通，人稱備課趴「天后」。如果你問天后：「性格情緒雙卡有何妙用？」她肯定會告訴你：「手中有雙卡，讓你馬上從 B 咖、C 咖直接變 A 咖……」對於天后，只能雙手奉上《創意十足》卡啦！

卡卡旋風，
幫助教學、輔導不再卡

文 溫美玉

2013 年，我將情緒、性格雙卡應用於語文教學及班級經營，之後透過教學觀摩、演講及臉書社群推廣，來自各地的迴響讓人始料未及，除了台灣，也在海外延燒，而且愈演愈烈。這樣的教學應用能如此快速燃燒，我認為背後早有許多人在各種不同領域默默打下基礎，或者說其實整個社會已經發展成熟到某種程度，只是從未有人將此能量具體轉移到閱讀、寫作、班級經營的教學場域。於是當一篇篇的實例出現，大家不約而同感受到其威力及影響力，紛紛投入雙卡的應用。若將此效應形容成火山噴發，那麼火山內部有哪些浩大的能量在蘊積著呢？

人人都能看見情緒的年代

2015 年，皮克斯與迪士尼影業製作發行的動畫電影《腦筋急轉彎》(Inside Out) 大受歡迎，看似專業且艱澀難懂的腦神經科學，竟然也能成為動畫電影素材，可想而知，我們正身處「看見情緒」的年代。

從社會發展角度觀察發現，心理科學轉化為人人可接受的娛樂活動，除顯示人類情緒管理議題受到關注，心理學家也想藉由電影將抽象的情緒運作簡化，讓人們更能貼近自己的心靈狀態。

　　無獨有偶的是電影推出之前，在教學上我也想藉由這些描述情緒字眼的卡片，讓過往隱晦、模糊、無法精準描述的心理狀態，藉由這些具體的語詞，協助孩子指出故事中的人物，或者自己的情緒為何，尤其當我開始直接在教室使用，竟然大受歡迎且被廣為流傳，只能說原來每個人都是如此獨特，都如此渴望被看見，也期待能一手掌控情緒中樞。所以，不管是電影或是這些卡片，都將為我們和自己的情緒搭起一座生動有趣且具體可行的橋梁。

價值的傳遞應有批判思考的歷程

　　過往，人的價值被壓縮，情緒被忽視，鮮少人關注做為一個人內在細膩幽微的心理變化，也就不可能真正定位一個人性格的多重與層次性。

　　回想小時候，老師上課提到偉人或名人，都是講述與灌輸：「○○是一個懂得進取也很認真的偉人，我們一定要向他學習。」沒有開放思考的空間，也不可能自由批判，照單全收之下，對人性少了深度理解與大膽剖析。

　　民主時代的降臨，校園與教室也相對擁有更多的自主空間，一反過去威權時代的陰影，老師在教室也不斷鼓勵孩子，盡可能從各種角度，來審視故事或周遭人物和自我。有了開明的氛圍卻還是缺少工具，孩子受限於形容人物

性格語詞的詞彙，能夠在課堂上即時回應的總是有限。於是，像是〈草船借箭〉中萬事俱備只欠關鍵「東風」，性格卡的出現讓師生上課不再困窘，只要提到人物特質，這些卡片成了精良的武器，尤其還能大大方方出來貼在黑板上，再加上理由或細節的補充證明，真正擺脫傳統上課方式，形式及實質內涵上都讓孩子成了教室的主人。

雙卡除運用在校園，回到親子閱讀或家長想對孩子從事輔導、諮商活動過程，不僅能夠快速聚焦話題，還能具體侃侃道出心裡的想法。例如：重大事件發生之後，讓孩子談談自己的價值定位。「發生這件事之後，你現在認為自己是一個什麼樣的人？為什麼？」此刻只要準備好性格卡提供選擇，孩子自然很快就能找到定位，接著再從旁協助其將細節與卡片語詞核對，這麼一來，靜默不語或無從訴說的窘境克服，後續輔導工作就簡單多了。

視覺學習時代的開啟

科技進步促進訊息快速流通，但什麼樣的訊息才能獲得青睞？君不見「落落長」的文字已經落伍，能讓人駐足停留閱讀，恐怕非名人之作就是得標題聳動；唯有圖像、照片卻相對受到歡迎，因為時間寶貴，有助於讀者瞬間理解重點。而「雙卡」正好符合教與學的「視覺」當道。

我曾經讓許多老師及學生比對自己的喜好：「只有文字和有圖片的雙卡，

你的感覺如何？喜歡哪一類？」毫無疑問，不管師生都強烈偏好有圖像的那一組，這說明了即使成人並不需要圖像輔助理解語詞，依然在不經意時，感受到圖像的魔力與魅力。

「尤其具藝術感的圖像，特別會留下深刻印象！」一個老師曾經向我提起這樣的感受。所以，如果讓雙卡的語詞搭配藝術等級的圖像，其價值就不再只限於語詞的鷹架功能，還能在使用的同時注入藝術的潛移默化，哇！這將是最具效益的一套圖卡，讓所有人都能好好珍視與利用啊！

拉近教學者與學習者的距離

這幾年「桌遊」當道，卡片式的教具成了教學新寵，也開始被運用在各種教學、社交、創意發想的場合。也因此雙卡被應用在教學，並沒有受到任何的質疑，而且，搭上這股風潮，很奇妙的事情發生了，除了感覺一卡在手妙用無窮，還能感受到「教與學」、「上與下」、「長與幼」，一種威權與傳統形式被瓦解，屬於教學者與學習者平起平坐的新氣象，在教室緩緩形塑蔓延著。為什麼呢？是因為桌遊的氛圍吧！想想，玩桌遊的時候，有誰還會在乎成員的年紀、地位呢？

這樣的微妙氛圍在每間使用過雙卡的教室、家庭、團體都能感受到，我自己更深刻的感受是即使不認識的學生，在教學觀摩的場合裡，學生常常忘

我地搶著要用卡片發表，根本無視於底下有誰在場觀課。師生的距離迅速縮短，學習空間慢慢充滿了花香鳥語的自在調性，少了客套、拘謹，師生互動自然且活絡，也難怪深受眾多使用者喜愛與推崇。

文學終極目的是人性探索

雙卡運用主要是講人性，因此，運用最廣的還是人文範疇，舉凡文學、歷史、班級經營都能快速精準到位，其中又以文學更是熱門。這樣的現象絕非偶然，只是水到渠成，也就是說，其實近年來文學閱讀與寫作的教學，已經跳脫過往只重視國學、文字、修辭、寫作形式等表現，取而代之的是作品給讀者帶來的衝擊思考、延伸創意，這樣的前提之下，作者、故事中人物、讀者都成了要角，沒有人被邊緣化，人人都能從中受益並發展各自的思想體系。但這樣的教學模式就欠一套具體的「鷹架」來銜接，而情緒卡和性格卡適時地成為最佳的語文鷹架。

當然，也許還有諸多背後因素，促成雙卡或者更多卡片概念融入教學。過往，老師們會在「溫老師備課 Party」熱情分享這些非常珍貴且實用的教學案例，但礙於平台與機會的限制，加上還有無數老師想要更理解細部的操作過程，因此我邀請了這些優秀的老師們一起編寫雙卡在教學上的運用案例，集結成本書，希望滿足老師們在教學上的精進。有了好的教案，我希望能有更符合專業與教學現場的情緒卡與性格卡來搭配使用，所以透過《親子天

下》邀請了情緒教育專家楊俐容提供學理的專業協助，精挑明確並有強弱層次的情緒、互有對應的性格詞彙，設計活動，並商請繪本大師賴馬繪製卡片。期盼這套有著專家認可，筆觸幽默風趣的「情緒識別卡」與「性格特質卡」，能有效促進親師生的對話與關係，並增加大家對美學的品味。

　　雙卡當然不會只應用在國語課文的教學與寫作，本書還提供「繪本閱讀」、「認識自我」、「班級經營」、「親師溝通」的相關使用案例，期待除了學校老師之外的教育相關人員，或者是家長朋友一起來享受雙卡的威力與魅力，讓孩子在學習的路上提早握有一把神奇之鑰，儘速開啟快樂、深度、魔幻學習的那扇門。

目錄

Part 1 **教學內家拳──認識自己，發現亮點**

▶ 提供適切的卡片輔具，讓師生快速聚焦，探測永無休止的事件底下，真正的核心關鍵──內在情緒與期待。

Part 2 **教學外家拳──繪本閱讀**

▶ 閱讀還有更重要的任務，那就是深入探索「意義」，意指事件背後人物的意圖，或說這些事件對讀者有什麼意義。

Part 3 教學蹲馬步──班級經營與親師溝通

情緒、性格雙卡對於經常發生衝突的學校、家庭，是最不花成本的最佳實務工具，能讓非專業人士快速有效地上手解決眼前的困境，進而創造雙贏或三贏。

Part 4 教學基本功──困難文體怎麼教

▶ 雙卡在教學上是非常巧妙的「助燃劑」，能扮演關鍵的「臨門一腳」。因為豐富的語彙聯想出的理由，讓學生更好發揮，而且手、腳、眼、心、腦同時啟動。

Part 5 教學大進擊——深度閱讀與創意寫作

有了情緒卡，學生毋須從零開始想語詞，只要挑選適當卡片，就能快速聚焦「人物情緒」變化的歷程，又能刺激學生不斷思考，卡片的情緒語詞與人物之間的關聯。

搭建「語詞鷹架」，
打通「思考門」

文 溫美玉

　　一次在學校的週三研習上，心理師推薦了「情緒卡」做為心理輔導的工具，他說「情緒卡」拿來做諮商、輔導學生，大多使用在協助受輔導者一時間無法表達、辨識自我情緒狀態，借助此卡，可讓輔導者能更精準、快速深入其內在思維，因此原功能乃針對人類情緒抽象化的文字抒發表述而設計。

　　聽到這裡，我立即聯想到如果將此功能應用在語文教學及班級經營，那不就可以解決長期以來，師、生為了精準表達情緒相關語詞而腸枯思竭的困擾嗎？

語文教學的「人物情緒」大解密

　　這麼興奮的發現及聯想，是因為隔週我正好要做一場 120 人的大型教學觀摩，不僅四、五年級混齡，還是來自外校的學生，時間又是下午第一堂課，地點是上課不宜的大型「視聽教室」，另外，他們還指定要「國語課文」的教學，諸多因素考量之後，我挑選了康軒五上〈智救養馬人〉。課文內容記敘晏子以慈悲的胸懷、機智的應對化解危機，解救養馬人的經過，是一篇典型的機智故事。主旨不難理解，但我更想捕捉主角晏子、養馬人兩個重要人物幽微細緻的心理過程變化，因為從這角度方能凸顯此故事的戲劇張力。但是，比較弔詭的是，養馬人雖是關鍵人物（此事全因他而起），但從頭到尾

他卻未曾有隻字片語，所以，這個教學亮點成了非常高明卻不容易讓學生操作的概念。

　　為了要轉化「養馬人死裡逃生記」這個教學概念，我特別設計了養馬人談談自己的情緒變化：

1. 突然發現齊景公愛馬死了！
2. 被抓到宮殿，景公要處死自己，大臣面面相覷
3. 晏子開始訴說自己的三大罪狀
4. 晏子拿刀準備要殺死自己（養馬人）
5. 景公即時叫晏子放了自己（養馬人）
6. 整個事情結束後，內心對人世冷暖的感觸

情緒卡與故事人物情緒的初相遇

　　正在煩惱、擔心學生當下不容易馬上反應出完整情緒語詞之時，沒想到天助我也，竟然來了這麼一大套情緒語詞，原本我還得自己張羅這些語詞，現在就有這麼多卡片助陣，師、生同時得到解救啊！

當天這套情緒語詞果然掀起學習熱潮，因為學生人數過多，只能指定兩人共同擁有一張一起商討，只見孩子各有想法，都想說服對方，於是整個教學觀摩的氛圍雖然充滿了討論的聲響，內容卻是智慧又深度的問答與攻防。

更有趣的是，為了讓大家知道彼此的看法，所以學生在原位置討論後，還要走出來貼在黑板上，並且說明選擇該語詞的理由。別小看這動作，一時間整間教室呈現活動與思考狀態，意思就是，學生的手、腳、眼、心、腦同時開動，完全沒有閒置不用，這可是教室最佳的境界，最美的風景啊！

最佳的情緒語詞鷹架

其實，教學要精采對我而言雖然不難，但考量種種不利的條件，我也不敢掉以輕心。原本的備案，是希望孩子能簡單的說一說，再出來演戲，沒想到，有了情緒卡，學生毋須再從零開始想語詞，只要挑選適當的，就能快速聚焦「人物情緒」變化的歷程。所以當我問道：「養馬人一早到馬廄，發現自己幫景公餵養的愛馬竟然死了，當下，他的情緒反應會有哪些？」就像啟動了一道思考門，學生開始忙著說明選擇的理由，並且將想法寫在小紙條。

沒有情緒卡之前，只敢期盼有幾個零零落落的情緒語詞，情勢逆轉之後，演戲的「臨時」腳本也因為豐富的語彙聯想出的理由，讓學生更好發揮，動作肢體更加多元。如果學生手上沒有卡片，呈現出的教學成效會有多大的落差，連我也捏把冷汗。這活動不僅精準陳述並扣緊人物的心理感受，又讓學生不斷思考，卡片的情緒語詞與人物之間的關聯，而且還能製造出遊戲的氛圍，輕輕鬆鬆翻轉了語文教學的課堂，兩堂課因而精采落幕，且學生個個玩得不亦樂乎。

　　當初的靈光一閃，讓「情緒卡」開始大量出現在語文科的教學，雖然有些始料未及，不過我想只是我們沒想到可以把這些語詞一次大量集中，變成老師、學生手裡都有的工具。

　　認知心理學不斷強調「鷹架」的概念，這其實就是「情緒語詞」的鷹架，所以，如果情緒可以大量被集中做成卡片，其他還有很多的語詞也可以如法炮製，不是嗎？於是，我也開始製作應用在教學中的「性格卡」，例如：活潑、文靜、謙虛、驕傲、勇敢、畏縮……這些我們耳熟能詳的語詞，若能拿來描述人物性格，是不是讓上課的節奏與步調順暢許多？而且，有趣的是每個人的見解有異，落差產生質疑與對話，也激發出更多的理由與思維，這是以往封閉式的教學完全見不到的。

　　除了這些卡片，原來輔導諮商的相關卡片，也成了許多老師上課的教具，例如：「愛情卡」，如果有興趣，你也可以想想到底有哪些還可以製成卡片來教學呢？

　　雖然雙卡在教學上極少「獨當一面」，卻常是非常巧妙的「助燃劑」，或者扮演關鍵的「臨門一腳」，所以，這些教學案例屏除了非雙卡的教學部分，僅留下如何使用情緒卡、性格卡，或者同時運用雙卡的歷程，如果教學已經產生「讀寫合一」的學生寫作成品，也會提供出來讓老師參考，讓教學不再只是停留在說說而已的層級。

　　運用雙卡教學的效益正在向你慢慢延燒，你……準備好了嗎？

Part 1

教學
內家拳

認識自己，發現亮點

提供適切的卡片輔具，讓師生快速聚焦，探測永無休止的事件底下，真正的核心關鍵——內在情緒與期待。

繞路緩步，
走進孩子的內心世界

・心法

文 溫美玉

其實，運用情緒相關的卡片在個別輔導，許多專書及網路上都有清楚的示範及說明，但我們往往把這些資源都歸類為「專業」，認真想來應該是想為自己的疏懶找藉口，或者說對自己能力的不信任。過往自己未在教學上執行，也不敢相信這套卡片的妙用，一直真正嚐到甜頭才發現，只要有心，使用這些卡片來做輔導，一點都不難，也確實能在短時間消弭雙方鴻溝，快速探觸到彼此的想法。

剛接下二年級後母班，班上小莫（化名）放學時就不小心將側放於書包的水壺掉落，阿強（化名）見狀，非但沒撿起來還給小莫，還直接拿起來就往大樹上丟，看到另一位同班同學，乾脆邀約比賽看誰能用這水壺把更多樹葉打下。這情形被巡視的導護老師碰著，問清楚狀況隔天就到教室通報，並送上面目全非的水壺給我，接著示意接下來就由我全權處理。

當下要說我沒情緒當然是騙人的，況且阿強的惡意行為絕非第一次，新仇舊恨同時湧上，加上他還在旁邊狡辯不肯認錯，我按捺住怒氣，心裡想著該如何與這高手過招。

當天因為時間緊急，我沒有太多時間處理，一方面也知道這是個非常棘手

的個案，不是淺層的告知或處罰可以了事，況且這樣的孩子最缺乏的是同理與慈悲心，還有他不知道一個人最糟糕的是失去他人的信任與愛，草草了事絕對是後患無窮。

不願意在情緒高張之際莽撞解決這件事，所以我先就事實寫了一封長長的信告知雙方家長，也致上我的歉意，除表達深切的關懷與疏忽，當然也明確告知我會繼續處理，請勿在憤怒之下過度責打孩子。

隔天一早，全班安靜的在進行晨間閱讀，我請他到一間專科教室，並拿出情緒與性格卡放在大桌上。經過一個晚上的沉澱與發酵，我的心裡平靜很多，臉上也不再帶有怒意。首先邀請阿強到我身旁坐下，看著他驚恐的臉，我的心不免也揪了一下，我小時候再皮也不像這般笨，實在很難想像，為什麼這些臭男生的手老是這麼犯賤呢？教書之後，年年都遇見這類孩子，心裡開始同理他們所承受的苦，雖然看來都是他欺負別人居多，但，他遭致的反撲與責打的機率不也相對高於常人。我們絕少有此遭遇，應該很難想像人格時常受到踐踏的屈辱吧！

「阿強，老師不想再問事件的細節，今天我想要跟你一起來看看這件事帶

給你的情緒。你可以告訴老師當你做這件事時的心情嗎？」

　　他先是愣了一下看著我不知該從何著手，我提示他從我桌上的情緒卡選擇，只見他突然像開了竅，一張一張慢慢地讀，兩眼盯著卡片上的情緒語詞，專注間還喃喃自語，似乎想確定並核對抽象的文字是否就是他心底的吶喊。

跳脫角色，觀看別人與自己

　　老實說，這是第一次用這麼具體的物件做輔導，這樣的場景也開始引發我對比過去的經驗，以往這狀況學生不是尷尬、害怕的搔頭答不出所以然，就是不斷重複那幾個熟悉的陳腔濫調：高興、難過……可是，這卡片明明是在情緒範疇打轉，卻神奇地讓我們抽離彼此怨懟的情緒，一同往高層次的「理解情緒」這個國度走去。

　　跳脫原來的角色，阿強站在第三者的旁觀角度，他不僅看到一個缺乏同理心的自己，也看見心急如焚，雖然打他罵他卻如此愛他的爸爸媽媽。當然，我也邀請苦主小莫過來，現場拿出他失去最心愛的水壺的感受卡片，而我，身為導師我也同時拿出憤怒、抓狂……這些絕望的情緒卡片。

　　當這些讓人傷痛的卡片一一出籠擺在眼前，就如同一幕幕真實的人生影像，不斷放映在阿強的眼前，即使平時嘻皮笑臉，讓人常常想賞一巴掌的他，也不發一語靜默的流著淚。這段時間其實我們幾乎沒什麼交談，除了我說出我想的問題，大部分的時間都是他安靜的選擇卡片，而我則在一旁協助確定。

　　但是我相信，這樣的成果才是我真正想達到的，我選擇兩相尊重的方式，不是用高姿態的指責、說教，避免重蹈過去的無效輔導，而且神來一筆的提

供適切的卡片輔具，讓彼此快速聚焦，探測永無休止的事件底下，真正的核心關鍵——內在情緒與期待。於是他看見別人的憤怒，省思了自己的自私與幼稚，當然也請他再度確認性格卡中哪些特質是他其實真的想達到，卻不斷在現實生活中背道而馳的？

俗諺說：「師父領進門，修行在個人」，若說老師是引領孩子進門修行的人，孩子要能心悅誠服，那也得要他自己心甘情願，我深知箇中道理，所以寧願繞路緩步進入他的內心，而不願一股腦兒訓斥、說道理，讓他離我愈來愈遠。

阿強離開我的班級，依然還是大過不犯小錯不斷，身在同一間學校不免耳聞。不過，每每受挫，他還是喜歡來找我，喜歡告訴我他的憤怒與悲傷，我知道自己不是神，怎能一年就讓他一改所有劣習。但不管如何，他曾經遇見一種不同傳統的輔導方式，引領他心靈平靜的面對自己，這樣的老師、家長如果能夠多一些，親師生三方相處品質是否會更優質？校園「阿強事件」是否才能真正降到最低呢？

觀察自然，覺察喜怒哀樂

文 彭遠芬

教學材料

請孩子在各類（喜樂、哀和怒）的情緒中，各選數個情緒，和生活經驗、情境（或是曾閱讀過的故事中，角色事件的情緒亦可）做連結，讓情緒感受更具體的活起來，除了可以讓影響角色的事件和行為，以及比較無法外顯的心理微妙的轉變具體的呈現外，孩子對各種情緒感受的認知和理解自然更深入了。

當然，還可以藉機練習修辭，讓孩子加入文學想像，如此一來，「文學、思考、趣味、藝術」就全包了！

教學步驟

一 透過討論發表，利用氣象報告（含溫度及天候）的方式來比擬及呈現情緒狀態（讓孩子畫天氣、貼情緒卡），不但有趣，也可以讓孩子透過討論及書寫過程，思考自己對情緒的感受，進而幫助自我情緒管理，孩子對情緒感受的覺察力當然會更加提升嘍！

二 這樣深入認識各種情緒的簡單寫作練習，也是在為孩子寫作（或寫故事）時的情緒描寫來鋪路，如此一來，描寫角色情緒時，自然不會太單一籠統，定會更具體也更豐富了！

三 也可以透過這份學習單 (p.26)，試著設計幾個遊戲讓孩子玩一玩，如：情緒猜一猜，分組 PK，先唸出「具體事實」欄的事件，再讓另一隊猜測想描述的情緒為何。（因為很多孩子寫的具體事實，是大家共讀過的小說或繪本中的情節，所以當出題者說出他的答案後，孩子們立刻因為想法、見解不同，很自然地就進入深入的討論狀態中，甚至有些激動，但看孩子自信、自在地表達想法，彼此腦力激盪，相互積極地回應，最後或達成共識、或接納尊重差異，這樣主動積極、有風度、有思想的主動討論氛圍，是我沒有料想到卻讓我經驗也感動的！）

四 還可以這樣玩：

1. **妙語說情緒：**分組發下數張情緒卡，參考「妙語說書人」桌遊的玩法（YouTube 上可找到說明影片），讓孩子說事實、猜情緒，應該也挺有趣的！

2. **情緒賓果：**一樣是利用【情緒氣象台】學習單，說事件，猜情緒，玩賓果。或者抽出情緒卡，說出情緒詞還有【情緒氣象台】學習單的具體事實中，與抽出的情緒卡上相同的心情事件。

★ 親愛的老師們，您可以發揮創意，一定有更多遊戲好點子來增加孩子對情緒種類的理解及認知，讓情緒卡在教學上的運用更順暢！

情緒氣象台

姓名：.........................

情緒	具體事實	比喻	氣象台
喜怒哀樂平均任選	• **真實的**｜自己、親友、真實的社會人士的…… • **超現實的**｜文本角色的	**文學修辭**｜大自然景物、日常生活事物	溫度或天氣

看見人生的起伏，
內化為成長的養分

• 傳記人物

文 彭遠芬

教學材料｜結合課文的傳記文學閱讀

教學亮點

　　國小課文常會出現典範人物的介紹，目的不外乎希望孩子看到這些人物勇於追求夢想的過程中，那份不畏困難挫折，憑藉勇氣、巧思和毅力，堅持到底，才有機會看到人生的「黎明」的精神。但內容往往因篇幅限制，僅止於「介紹」，無法讓孩子對傳主專業領域的偉大貢獻及情操有更深刻的了解體認，進而學習感受這些典範人物的精神及情操。

　　因此一則可以配合課文，深入閱讀以構築栩栩如生形象的「人物傳記」，讓孩子對原本遙不可及的古今典範，加深認識，變得伸手可及，也讓平面刻板的人物形象生動、立體，躍然紙上，孩子才更能體會傳主的心路歷程，真切感受他們的人生所面臨的掙扎、起伏與得失，比起課文，對孩子的吸引力也就強大多了。

　　再者，可以提供「性格特質卡」，讓孩子在閱讀傳記後，透過自行思考並和同學共同討論，分析歸納出傳主的成功原因及性格特點，「深化」對傳主的理解，進而將這樣的感動與體悟，「內化」為自己成長的養分，「轉化」

為奮發向上的動力，最後促使個人成就動機及行為的「進化」。傳記教學絕對「不卡」，深化內化轉化進化，真能一次滿足！

傳記本是希望透過生命影響生命的歷程，形塑自己的性情與氣質；它以一種內在的、精神的力量讓人們看到突破困境的可能途徑，看到一切真善美的形式和表現；因此在延伸寫作方面，如果能讓孩子透過閱讀傳主，省思自我的生活經驗與意義的理解，在書寫自我與他人的互動時，就能和周遭世界相連結，並希望透過自我成長，進而投入、參與社會、甚至改變社會，那麼期盼孩子能擁有充實生活；正向品格的理想就不遠了。

教學步驟 │ **課文及傳記深度閱讀教學及統整比較分析：**

一 提供孩子與課文主題相關的傳記。閱讀方法如下：標行號、逐章筆記人物性格分析（用事件證明支持理由）、分析傳主背景、奮鬥歷程（如何克服解決困難、結果為何、迴響）等。

二 從課文中，分析歸納出代表典範性格的支持理由（逐項分析說明）、遇到困難的解決方法、成功因素、特殊貢獻、值得學習的地方……

三 比對傳記及課文，提問討論，並針對性格統整分析，整理成表格，做為延伸寫作的參考素材。

　1. **背景**：傳主成長背景有何特點？傳記中的介紹對其成就有何重要影響？也可就傳主的生理、心理、社會面來分析。

　2. **童年**：童年有什麼重要事件和傳主後來的生命發展歷程有很大的關聯？

　3. **起因＋問題＋解決＋結果**：傳記中有哪些事件來說明傳主的奮鬥歷程？遇到哪些困難？如何解決？結果為何？

　4. **迴響**：傳主對人類的貢獻有哪些？世人對他的評價又是如何？曾經留下哪些經典名句值得學習？

　5. **張貼「性格特質卡」**：解析傳主性格特質和行為成就的關聯，以對傳

主奮鬥努力的成功歷程，有更深入的理解。

創意寫作教學

 作文題目：穿越時空與大師面對面

（題目可自訂，如與大師有約、穿越時空遇見你……）

・寫作引導綱要

運用【穿越時空遇見○○○】寫作計畫表 (p.30)，思考寫作方向，可用採訪稿或劇本的方式呈現。

親愛的小朋友，讀完愛迪生和法布爾的傳記，除了對他們成功的故事很了解之外，一定有好多的疑問、好多的崇拜、好多的心裡話想跟他們說。現在機會來了！請依照下面的提示，將你想問的問題先寫下來，與他們面對面時，我們就可以把握機會，好好請教他們一下了！

1. 在什麼樣的時空背景下遇見傳主？遇見時雙方各有什麼樣的驚奇反應和情緒感動？
2. 遇到他們之後你有什麼問題想請教他？（可以從他的童年開始、也可以根據故事的結構來提問。）
3. 你有什麼話想對他說？（可以想想自己欠缺的能力、行為和特質，以及希望跟他一樣的部分。）
4. 猜猜他會想跟現在的小朋友說些什麼？（提出問題後，請根據傳記，想像傳主可能會用什麼方法和經驗給你建議？）

【穿越時空遇見○○○】寫作計畫表

姓名：.............................

我的提問	○○○的哪些行為讓你敬佩？（舉例說明）	
	這個行為的特質是……	
	為什麼想具備這項特質？因為自己……	
傳主的回答	可能會用什麼方法和經驗給你建議？	

模擬心情，
練習說個好故事

⋯⋯○ 生活體驗

文 溫美玉

教學材料｜ 選自二下翰林版國語課本〈上台說故事〉

　　作者描述班上很會講故事的小奇，說故事的時候，表情很豐富，聲音又宏亮，也會加上動作，逗得全班哈哈大笑。自己很想上臺，也在下課後說了「三隻小豬」給同學聽。老師幫忙指導之後，作者希望上臺說故事時，也能像小奇一樣，得到熱烈掌聲。

教學亮點

　　上台說故事是每個低年級孩子都有的共同經驗，短短的課文無法把孩子說故事前、中、後的心路歷程記錄下來，所以，這堂課應該完全由孩子主導，讓他們不僅回憶舊經驗，還能透過教學引導，成功編寫一齣由其他角色擔綱的「第一次上台說故事」的精采故事。

教學步驟

一 課文＋自己的經驗＋具體的教學引導＝精采的好故事

1. 老師引導學生思考課文的每一段，主角的情緒反應。
2. 全班共同討論【第一次上台說故事】故事寫作大綱中，每一個提問主角的性格，以及事件發展的情緒反應。

二 表格＋情緒卡＝寫作計畫表

【第一次上台說故事】寫作計畫表

　　一個害羞、缺乏自信卻很善良的孩子（動物），因為要上台說故事而煩惱、害怕，他該怎麼樣讓自己能順利解決這個困難呢？誰會來幫助他？在練習過程中又要注意哪些說故事的技巧，才能讓別人喜歡聽他講故事呢？

	故事寫作小提醒	主角性格・情緒
1	主角是誰？他住在哪裡？他還有哪些家人？他的個性是？請舉事件來說明他的個性。其他人都說他是怎樣的人？	《畏縮、狡猾、依賴、活潑、溫和》
2	為什麼老師說要請小朋友上台說故事？主角聽到這件事心裡會麼想？為什麼？又會有哪些動作、表情，說哪些話？	【害怕、緊張】
3	誰是班上最會講故事的小朋友呢？當老師請他上台示範說故事的時候，他講故事的方式有什麼特別？大家覺得怎麼樣？主角自己心裡又怎麼想的呢？會不會覺得壓力很大？	【得意、嫉妒、尷尬、猶豫不決】
4	主角練習的時候如何被嘲笑？為什麼大家要笑他？他的故事說得有多爛？他的心裡又有多難受？他會怎麼討厭自己呢？	
5	誰去安慰他？怎麼鼓勵他呢？他還想繼續努力準備說故事嗎？	
6	老師請小朋友準備故事的時候，什麼神奇的事情發生在主角身上了？	【驚慌、恐懼】
7	是什麼樣的神奇事件？發生在哪裡？是誰會指導原來害羞不敢開口的主角講故事？如何訓練主角講故事？用哪些特別的方式與技巧？	
8	主角一開始就能接受嗎？他會如何適應這些訓練呢？過程中有沒有想放棄？為什麼？那裡的人又會怎麼幫助他克服？	【失望、不安、挫折】
9	到了真正要講故事的時候，主角為什麼已經不再害怕？他到底學會哪些說故事技巧了呢？	【痛快、驚喜、開心、自信】
10	上台時他講了哪個故事？他是如何把這個故事講好的？	【愉快、得意、狂喜、滿足】
11	台下的同學會怎樣被主角的進步嚇到呢？他們會說哪些話？有哪些動作與表情？曾經嘲笑主角的同學，會如何羞愧（不好意思）？	
12	比賽結束，主角為什麼能打敗最厲害的同學？他贏別人的地方是哪裡？	【驚喜、放鬆、舒服、幸福】
13	贏了這場比賽，他最想感謝的人是誰？為什麼、會怎麼感謝對方呢？	

《》→性格卡　【 】→情緒卡　　★以上語詞僅供參考，老師可引導學生討論與選擇

學生作品 │ 節錄

臺南市南大附小
二己　　鄭育哲

　　在一個勇敢村裡，有一個人，他叫大龍。大龍是村長，大龍有一個小孩叫小紅，小紅很害羞，被打也不敢跟老師報告，他完全不像他的爸爸和其他家人一樣勇敢。不但這樣，只要老師請他上台報告，他都嚇得屁滾尿流，大家都笑他很膽小，只有他的朋友小綠不會笑他，小綠總是在小紅難過的時候安慰他，所以他是小紅真正的好朋友。

　　有一天，老師和全班說：「我們學校要舉辦說故事比賽，每個人都要先準備，我們再挑出最棒的代表我們去比賽。」

　　小紅心裡想：「慘了！我最不會說故事了，這下子怎麼辦？」

　　小紅跑去跟小綠說了他的痛苦，小綠馬上提醒他：「老師不是說，下一節要請小朋友示範說故事嗎？你就好好聽吧！」

　　這時，上課鐘聲響了，大家都跑回教室，老師說：「我們先請小明上台示範如何說故事，還有，說故事需要注意哪些地方？」

　　小明上台和大家說了一個很好聽的故事，大家都聽得很專注，而且覺得他實在好厲害，他後來還分享他怎麼講故事的祕密。

　　這時，只有小紅不這麼想，他雖然很羨慕小明，卻覺得他實在太驕傲了，再看看自己這麼害羞，就覺得好嫉妒他啊！

　　當他還在想的時候，老師就叫小紅上台，他雖然不敢上台，老師的話又不能不聽，他只好低著頭站在台上，聲音就像小螞蟻一樣的小，而且還一直發抖。他聽見台下的小朋友都在笑他，尤其小明笑得最大聲，他好緊張，好害怕，最後只能呆呆的站在台上。大家笑到肚子痛，小紅心裡卻好難過。

　　放學後，小紅和小綠一起走回家，小紅和小綠說：「我今天好難過，每個人都笑我。」

　　小綠說：「沒關係啦！反正小明也不是天生就那麼會說故事，他也是練的啊！」小紅說：「我也想會說故事，我要努力的練習！」

　　這時小紅馬上跑回家，他回到家之後，吃完飯，馬上跑去找小綠，小紅跑到小綠家，小綠說：「我帶你去一個地方，小紅和小綠走，走啊走，走到了一個山谷，小綠說：「這裡沒人，可以練習，就這樣，兩人一直練，他們想要一直練，練到寒假完。」

自我覺察，
建立自信積極的人格

性格百貨公司

文 魏瑛娟

教學材料

艾瑞克森（Eric H. Erickson）的心理社會發展論，將人生視為連續不斷的人格發展歷程。並且依照人生危機性質的不同，把人的一生劃分為八個階段，每個階段均有其衝突存在，而所謂的成長，便是克服這些衝突的過程。國小學童（6～11歲）的發展危機位於「勤奮進取與自貶自卑」階段，若此階段任務得以順利完成，將有助於以後階段的發展，並建立自信積極的人格。

因此，如何引導孩子進行內在心裡的自我覺醒與體察，完成心理發展的階段性任務，教學引導者就扮演了不可或缺的重要角色。如何將內在思路「化暗為明」，成為可學習、可了解的具象呈現呢？「性格特質卡」正好扮演了一個潤滑劑的角色。

教學步驟

一 張貼「性格特質卡」於黑板上，如同開張一家「性格百貨公司」。

二 請每位學生到「性格百貨公司」挑選想送給自己的三個「性格禮物」。

三 請學生分別說明為什麼要挑這一張「性格卡」送給自己。

教學心得

　　進行「性格百貨公司」活動，讓學生挑選送給自己的性格卡時，學生通常會很用心的思考著自己適合的卡片。平日好動、浮躁的學生選了「謹慎」、「溫和」送給自己；課堂上喜歡拚命舉手的孩子選了「謙虛」、「自制」送給自己。經過了這個自我覺察的過程中，孩子開始探索自己、省思自己，不用老師的耳提面命，學生就啟動了自我提醒的機制。

　　更有孩子藉由「為什麼要選這張卡給自己」的發表，說出了自己過往所犯下的錯，並且提出了自我改進的方向。過程中，所有的誤會居然藉此而冰釋，朋友的情誼也藉此而加溫。沒想到，性格卡居然也具有「自我療癒」的機能，這真是驚喜的意外呀！

　　孩子犯錯在所難免，以往我們總是以消極的勸說、剝奪來做為教養的手段，而忽略了孩子的自省才真正是改變自我的動力。「性格決定命運，而性格操縱在自己的手中」，在孩子犯錯時，我們可以引導他到「性格百貨公司」，讓孩子思考自己的錯誤是因為哪種負面的性格態度，再請他選擇一張正向性格卡送給自己，並說說原因。相信經過了此番從心靈出發的引導，孩子定能有所體悟。

創意寫作教學

當孩子挑選出想要送給自己的性格卡之後，就可以讓每個孩子都化身為自己的小天使，寫一封信給長大的自己，省思自己也期許自己的成長。

📖 作文題目：「性格小天使」給自己的一封信

• 寫作思考

每個人的身邊都有一位守護小天使，小天使會在主人遇到危機時保護他，在身邊默默關心他，也會在特別的時候，送主人一份神祕禮物。如果你是自己的小天使呢？你想送給長大的自己哪些「性格卡」當禮物，來幫助自己變得更懂事呢？

• 寫作引導綱要

1. 小天使常常在哪裡守護你？
2. 小天使要送給你的第一張「性格特質卡」是什麼？為什麼要送給你這張卡？希望你拿到這張卡可以變得怎麼樣？
3. 小天使要送給你的第二張「性格特質卡」是什麼？為什麼要送給你這張卡片？希望你拿到這張卡可以變得怎麼樣？
4. 小天使要送給你的第三張「性格特質卡」是什麼？為什麼要送給你這張卡片？希望你拿到這張卡可以變得怎麼樣？
5. 希望你拿到了這三張卡片可以有什麼改變？變得怎麼樣？

學生作品

臺南市白河國小
二甲　　陳宇璿

親愛的小宇：

　　我是你的守護俠，我常常在你不注意時守護你，所以你每次玩遊戲都會贏。最近我發現你長大了，所以我想送你三張「魔法卡」。

　　第一張是「自信」，因為你早上上學時都沒精神，希望你可以變得精神百倍，做每件事情都很有自信。第二張是「勇敢」，因為你很怕鬼，常常自己嚇自己，所以希望你收到這張卡片之後，膽子可以變大一點。第三張是「自制」，因為每次放學時，你總是迫不及待的衝出教室。排隊的時候，也都想要排在第一個，希望你可以控制自己，把事情做好再去排隊。如果你好好利用這些卡片，我相信你一定會變成一個懂事的好孩子！

　　祝你
　　　　身體健康

　　　　　　　　　　　　　　　　　　　守護俠　留
　　　　　　　　　　　　　　　　　　　九月十八日

跌跌撞撞，
鍛鍊不怕挫折的勇氣

• 失敗履歷

文 徐培芳

教學材料 | 選自四上翰林版國語課本〈松鼠先生的麵包〉

松鼠先生想做出好吃的麵包，但是每次都烤焦。

動物們看松鼠先生那麼認真，都來幫忙他。一次又一次的失敗打擊著松鼠先生，他也一次又一次的練習，終於第一批沒有烤焦的麵包出爐了。淚如雨下的松鼠先生自己嚐了一口，味道剛好，馬上邀請大家來試吃。沒想到麵包只有甜味，這次他親自嚐了一口，立刻明白少了眼淚的鹹味，於是立刻調整鹹味，做出好吃的麵包。

經過這次的經驗，松鼠先生有感而發的說：「原來成功是一種美妙的滋味，而失敗是一種必要的調味！」

教學亮點

嬰孩學走路，跌跌撞撞，一次又一次的跌倒中站立，一步步的踏得穩固。為什麼長大後，孩子就不能失敗呢？講求快速、贏在起跑點的世代，大人們只看重學習的最後成果，壓縮了學習的時間，孩子也只求快速學習，忽略了失敗的可貴，甚至討厭失敗的感覺。

有哪一項學問不需要下功夫，才能領略其中真道？有哪一項運動不需要反覆練習，一再經歷挫敗，找到其中成功之道呢？許多學生閱讀名人傳記，或是現今名人成功故事，總是被成功的光環吸引，羨慕功成名就之餘，仍然認為成功離自己相當遙遠，甚至自己甘願當個平凡之人，毋須竭盡心力去完成夢想。

　　殊不知，成功和失敗的經驗會陪伴著我們一輩子，如何擁有正確的失敗觀不僅影響我們的自我概念，也會幫助我們往成功之路邁進，如何不讓「失敗為成功之母」的古訓淪為口號，珍視失敗帶給我們的經驗，向失敗取經，是相當重要的。

　　然而，一個真正「成功」的人不是一蹴可幾，也不是天賦異稟，「成功」的背後一定歷經許多失敗的考驗，何不把成功者面對失敗的心路歷程透過「情緒識別卡」──分析，析理從失敗到成功的自我看法以及成功者的具體行動，面對失敗可以不再心灰意冷，不再無法可救。

教學步驟

一 發下【松鼠先生反敗為勝心路歷程（情緒起伏）大搜索】學習單 (p.40)。

二 透過「情緒識別卡」請學生依故事的發展，推論出松鼠先生的情緒，並且將其寫在學習單上。

三 找出松鼠先生的行動，想一想，他的心情如何。

四 小組討論每個歷程松鼠先生對自己的看法，寫出他會對自己說的話，或請學生輪流上台說明。

【松鼠先生反敗為勝心路歷程 (情緒起伏) 大搜索】學習單

姓名：...

結構	情緒	課文內容	對自己說的話 自己是一個怎麼樣的人？	失敗的經驗 學到的事情
原因 問題		住在麵包樹上的松鼠先生，一直想做出好吃的麵包。	做麵包是我的興趣，只要我認真，一定能烤出又香又好吃的麵包。	意義一 烤焦讓松鼠先生學到方法和經驗。
解決歷程	烤焦	1. 朋友們看他那麼認真，都跑來幫忙。 2.但一次又一次的失敗，打擊著松鼠先生。 3.就在這時候，第一批沒烤焦的麵包出爐了！松鼠先生高興得滿樹爬上爬下，感動得淚如雨下。		
	只有甜味	1. 想嚐一嚐麵包，試一試味道。他覺得麵包太好吃啦！ 2.動物們試吃都認為太甜了！ 3.「怎麼會這樣！」松鼠先生親自拿起一個麵包咬下……「真的只有甜味而已！」松鼠先生覺得奇怪，他想了一下，立刻明白了：「少……少了眼淚的鹹味！」 4.於是他趕緊依照眼淚的鹹度，增加調味，重新又烤了一批麵包。		意義二 失敗的經驗讓他能獨立找出失敗的原因，並主動解決問題，不被失敗困住。
結果		果然受到大家的讚賞。		意義三 「原來成功是一種美妙的滋味，而失敗是一種必要的調味！」
	迴響	「還是第一口成功麵包的滋味最棒！」松鼠先生有感而發的說：「原來成功是一種美妙的滋味，而失敗是一種必要的調味！」		

創意寫作教學

 作文題目：「失敗」的滋味

・寫作思考

經歷反敗為勝的松鼠先生，想要寫一篇「失敗的滋味」給森林裡的動物，告訴動物們他自己面對失敗的親身經驗，也鼓勵動物們對自己的興趣要繼續努力。

・寫作引導綱要

1. 一般人，對失敗有什麼看法？失敗的人對自己會有什麼看法？經歷烤麵包的失敗過程，松鼠先生對失敗有什麼不同的看法？

2. **興趣：** 松鼠先生想做什麼？自信滿滿的他，會怎麼行動？對自己說什麼話？

3. **歷程一：烤焦**

   ・松鼠先生發生了什麼事情？他認為自己是一個怎麼樣的人？

   ・嚐到烤焦的失敗滋味像什麼一樣苦？為什麼？

   ・當第一批沒有烤焦的麵包出爐時，他的心情如何，對自己又有什麼看法？

   ・烤焦的失敗經驗，讓他學到什麼？

4. **歷程二：只有甜味**

   ・接著，發生了什麼事情？

   ・嚐到只有甜味的失敗滋味像什麼一樣酸？為什麼？

   ・這次面對失敗，松鼠先生有什麼不一樣？為什麼？他有哪些行動？他會對自己說什麼？（這非常重要，要仔細寫出來）

   ・松鼠重新烤了一批麵包，受到大家的讚賞，他對自己會說什麼話？為什麼？

．只有甜味的經驗，讓他學到什麼？

5. **有感而發**：松鼠先生對失敗有什麼看法？如果又失敗，他會怎麼告訴自己？現在的松鼠先生認為自己烤麵包的能力怎麼樣？

6. **給○○的話**：松鼠先生想要把失敗的經驗告訴誰？他正在學什麼？可能經歷什麼失敗經驗？請告訴他這些失敗經驗可以讓他學到哪些？

作文題目 2：失敗履歷表

．寫作思考

擁有一身功夫的松鼠先生想要應徵麵包師傅，小朋友你要幫他製作一份失敗履歷表，讓老闆看見松鼠先生在這些失敗經驗中，已經具備一個專業麵包師傅的能力喔！

．寫作引導綱要

1. 析理履歷表的格式。

2. 在經歷項目中，舉出有哪些失敗經驗，從中獲得哪些做麵包的能力。

3. 為自己打廣告：老闆絕對要雇用松鼠先生的理由。

別人眼中的自己，學會交朋友

─• 人際互動

文 段淑如

教學材料｜選自一下康軒版國語課本〈斑文鳥和小山雀〉

> 下雨了，斑文鳥在樹上躲雨 。不久，小山雀也來了，但是他們一直沒有說話。

> 過了很久，斑文鳥先開口說：「你好！我的家在草原上，請問你的家在哪裡？」小山雀輕輕的說：「我的家在樹林裡。」

> 斑文鳥又說：「我喜歡吃果子，你呢？」「我喜歡吃蟲子。」小山雀笑了笑說 。

> 雨停了，斑文鳥和小山雀都交了一個新朋友。

教學亮點

受少子化的影響，許多孩子受到父母小心翼翼的過度保護而變得膽小，無法主動去交朋友，人際關係常受到挫折。尤其是剛踏入小學學習生涯的小一新生，一下子必須面對學校的團體生活，在溝通、交友技巧都不夠的情況下，可能被孤立、冷落、忽略，甚至造成紛爭。有鑑於此，為這些生活經驗還不夠的孩子們，輔助故事或繪本就是當務之急。因為故事中能提供各式各樣的

交朋友經驗，透過這些故事讓孩子預先知道許多交朋友的方法，進一步理解並比較自己的交友經驗，讓他們看到問題後，再修正、調整自己的交友技巧。

〈斑文鳥和小山雀〉是一篇故事體，透過故事中的斑文鳥這個角色，利用「對話」方式來強調交朋友要做到有禮貌地「主動」問候和自我介紹。

這篇故事是透過斑文鳥的主動「對話」來開展，並解決牠和小山雀「一直沒說話」的「問題」。在整個交朋友的過程中，兩個角色只有四句對話就變成好朋友，實在不合理，就因為如此，反倒意外給學生可以自由發想的空間。而課文中並沒有清楚說明兩個角色的個性，正好可以藉此用「性格特質卡」針對他們彼此的「對話」來推論他們的性格，再讓學生思考自己的性格像哪位主角？怎麼跟陌生的人交朋友？自己的朋友性格屬於哪一種？……利用帶領孩子深入閱讀後學到如何交朋友的技能之外，還可以將這些學生推論出來的故事主角性格放入創意寫作的冒險故事裡，讓學生好好發揮一下喔！

教學步驟

一 用表格 (p.45) 帶領學生分析「故事結構」、「主角性格」、「推論性格的理由」

（一邊帶著學生討論，一邊在課文上做眉批，最後請學生唸出來後，再指導做成表格來摘寫大意，因為表格呈現的方式可以讓大意一目了然。）

1. 練習眉批→摘寫故事大意。

2. 全班分成兩組（斑文鳥組、小山雀組），學生上台挑選性格卡。

3. 拿出便利貼請學生寫上理由→黏貼在性格卡上→張貼在黑板的表格裡→全班一起討論觀摩。

故事結構	課文	主角性格		理由
起因	斑文鳥和小山雀在樹上躲雨			
問題	他們一直沒有說話			
解決	1. 斑文鳥先開口說：「你好！我的家在草原上，請問你的家在哪裡？」 2. 小山雀輕輕的說：「我的家在樹林裡。」 3. 斑文鳥又說：「我喜歡吃果子，你呢？」 4.「我喜歡吃蟲子。」小山雀笑了笑說。	斑文鳥	活　潑	
			自　信	
			誠　懇	
			溫　和	
			勇　敢	
			獨　立	
			謙　虛	
		小山雀	畏　縮	
			依　賴	
			文　靜	
			自　卑	
			謹　慎	
結果	雨停了，斑文鳥和小山雀都交了一個新朋友			

二 教學的延伸思考：

1. 你覺得你的個性比較像誰？為什麼？

2. 從課文中，你發現了斑文鳥是怎麼交朋友的嗎？要怎麼說話才會有禮貌？兩位主角的自我介紹內容夠不夠呢？還可以再說什麼？為什麼？

3. 你還記得你怎麼跟一個陌生、不認識的人交朋友的嗎？

4. 你覺得像斑文鳥一樣主動交朋友好嗎？為什麼？

5. 你的朋友中，誰比較主動活潑？誰比較害羞內向？一起相處時，會跟這課課文描述的兩位主角很像嗎？

創意寫作教學

 作文題目：斑文鳥和小山雀○○大冒險

・寫作思考

朋友之間的交往，絕對不是互相問候完，再簡單的自我介紹一下，就能變成好朋友的。所以從斑文鳥和小山雀認識之後，他們開始想要更進一步認識對方，於是就讓他們相約一起進行一場緊張刺激、有笑有淚的冒險之旅吧！

・寫作引導綱要

1. 故事發生在什麼地方？（請把地方形容得很清楚，附近有什麼？這個地方感覺怎麼樣？）

2. 斑文鳥和小山雀為什麼要去冒險或旅行？
   斑文鳥和小山雀飛進這個地方做了什麼事情？他們說了什麼話？發生

3. 什麼事？（試寫出小山雀和斑文鳥遇到「危險」、「恐怖」、「刺激」和「好笑」的事情）

4. 這件事情是怎麼解決的？

5. 小山雀和斑文鳥最後的結局是什麼？

學生作品

斑文鳥和小山雀的鬼屋歷險記

臺中市忠孝國小
王亦如

　　斑文鳥和小山雀認識以後，牠們約定五月一日去看電影哦！很快的五月一日來臨了，晚上斑文鳥帶著小山雀去看電影，剛開始小山雀說：「怎麼只有我們在喝米漿，大家都喝可口可樂啊？」斑文鳥回答：「因為我們是鳥啊！而且鳥不行喝可樂，不然你會拉肚子哦！」小山雀又說：「那我們的爆米花怎麼變成爆炸的果子啊？你買這麼噁心的東西啊！」斑文鳥回答：「因為我們沒有牙齒來咬爆米花呀！所以只好買爆炸果子來當爆米花呀！」斑文鳥對小山雀說：「我們是要看關於鬼屋的電影喔！」當電影演到一半時，斑文鳥和小山雀都被吸進電影中，小山雀膽子比較小，嚇得全身發抖，但是牠很冷靜，斑文鳥很愛冒險，所以牠想去鬼屋冒險。

　　牠們拿一條繩子，把手電筒綁在頭上，然後小山雀一副恐懼的摸樣，對斑文鳥說：「這個房子裡一定會有什麼恐怖的妖怪。」斑文鳥點點頭說：「有道理耶！」「因為這個房子破破舊舊，而且從來不開燈，還有裂縫上有血耶！」斑文鳥和小山雀就飛進了陰暗的屋子裡，當他們飛進房子裡時，聽到風「呼～呼～」的聲音，感覺好冷喔！又聽到窗戶「啪～啪～啪～」的聲音，斑文鳥和小山雀小心翼翼的飛著，看到裡面全都是動物的屍體和人類的骨頭，還有破爛的東西在舊房子裡面，斑文鳥和小山雀不小心踩到了黏黏的蜘蛛網，嚇得全身發麻時，一張網子把牠們兩個撈進一個大袋子裡，被吸血鬼發現了，吸血鬼好開心，因為他最喜歡吃鳥的肉，吸血鬼就開心的拿著袋子去找巫婆，巫婆正準備做晚飯，她聽到這個消息更

開心了，因為她最喜歡跟吸血鬼吃大餐了！巫婆說：「等水滾了，再把那兩隻笨鳥放進鍋子裡煮來吃吧！」吸血鬼又說：「那我就先拿著袋子去睡覺，然後如果水滾了，你再叫我起床哦！」巫婆點點頭就去做家事了。

斑文鳥和小山雀趁吸血鬼在睡覺時，用尖嘴把袋子啄破，然後逃出袋子，再把地上的石頭裝進袋子裡，後來把袋子的破洞用針把它縫好，斑文鳥和小山雀趁機逃出鬼屋時，聽到吸血鬼大叫一聲「啊～」，原來吸血鬼和巫婆被熱水燙死了耶！斑文鳥說：「給自己愛的鼓勵吧！」斑文鳥和小山雀好開心就被吸出了電影又回到了電影院。大家看完電影都好想去上廁所，但是斑文鳥和小山雀都不用去上廁所，因為他們在故事中都已經上完廁所了。

Part 2

教學
外家拳

繪本閱讀

閱讀還有更重要的任務,那就是深入探索「意義」,意指事件背後人物的意圖,或說這些事件對讀者有什麼意義。

5 大提問，
照表操課探索意義

·····• 心法

文 溫美玉

一般在實施閱讀教學時，首要工作大都是理解文本內容在說什麼，就是我們提及的知識層面，然而，閱讀還有更重要的任務，那就是深入探索「意義」，意指事件背後人物的意圖，或說這些事件對讀者而言有什麼意義？所以，我們可能會問以下幾類問題：

1. 人物性格？從哪裡看出來？哪些事件造成他身上有這些特質？
2. 事件發生當下，相關人物，特別是主角的情緒變化為何？為什麼你會這麼認為？理由是？
3. 比較幾位角色的性格，你認為自己的個性最類似哪個人物？請具體指出是哪些性格？也請列舉真實生活中的事件來證明。
4. 你覺得主角可以學習的性格有哪些？為什麼你會這麼認為？
5. 如果是你，在這個事件中你的情緒也跟主角一樣嗎？如果有機會重來，你覺得可以怎麼做會更好呢？為什麼？

以下提供 4 個教案，應有助了解如何從故事主角性格切入，幫助孩子認識自我。

教案
1

《咚咚戰鼓闖戰國》

 作文題目：人質公子逃離記

‧作者／王文華
‧出版／親子天下

‧繪畫與寫作發想

　　公子燕、公子魏、公子趙、韓公子，這些公子被當成人質，都是因為政治上的考慮，如果是你，你會有那些情緒？又會發生哪些讓人意想不到的災難呢？從以下幾件事，我們先來找找，這些公子情緒反應，有機會再來寫成一篇「人質公子逃離記」。 參考「情緒列表」p.206

事件經過	主角情緒	圖文創作──提問與綱要
主角選定與當人質的背景介紹		1. 為什麼會被送來當人質？ 2. 得知要被送去當人質時的痛苦與悲傷？媽媽的反應又是如何？母子的辭別狀況？
1. 人在屋簷下，不得不低頭		3. 失去自由後的生活與原先家裡有何不同？ 4. 每天的作息又是如何？會有哪些心理的衝突與適應呢？
2. 不能隨意洩漏自己的想法		5. 不小心說了自己想說的話，得到什麼不好的後果與下場？ 6. 隨時可能有生命危險。
3. 不知要等到哪一天才能平安回到自己的國家		7. 設計一次想要逃走卻被嚴密監視與控制的事件，來顯示真想回家的決心。

教案 **2**

《搖搖紙扇訪宋朝》

・分析文本｜宋／范仲淹〈蘇幕遮〉

「碧雲天，黃葉地，秋色連波，波上寒煙翠。

山映斜陽天接水，芳草無情，更在斜陽外。

黯鄉魂，追旅思，夜夜除非，好夢留人睡。

明月樓高休獨倚，酒入愁腸，化作相思淚。」

・作者／王文華
・出版／親子天下

	先讀詞，再從問題來思考	我的想像、推論與回答
季節 地點 景物	1.這是什麼季節，有哪些景色、景物的變化？ 2.什麼樣的時間？你怎麼知道？ 3.你覺得這是哪裡？在自己的庭院中？還是打仗的旅程中？你怎麼知道？ 4.這樣的景色中，你喜歡嗎？為什麼？	
范仲淹	5.請參考性格卡來說明范仲淹的作為，並從文章中找到理由。（可選 2-4 個）	
發生的事情	6.這樣的景色中，范仲淹怎麼了？請想想，他的動作、表情…… 7.有什麼樣的情緒反應呢？（參考情緒卡）為什麼會出現這些情緒，理由？	
讀者迴響	8.如果是你，你會跟范仲淹一樣，有這樣的情緒反應嗎？為什麼？ 9.從范仲淹的這闋詞中，你同意很多人說他是「鐵漢柔情」這樣的形容嗎？為什麼？ 10.除了思鄉之愁，對於國仇（北宋）是否也是他揮之不去的痛苦呢？為什麼？（請找文章中的線索說明）	

教案 3

《不會哭泣的魚》

・作者／阿部夏丸
・出版／親子天下

讀完《不會哭泣的魚》這本小說，
請替小智回一封信給浩介。內容包括：

1. 回顧跟浩介一起做了哪些事情？
2. 佩服、讚賞浩介哪些能力及性格？
3. 小智的哪些行為和價值觀受浩介影響而改變？為什麼？
4. 給浩介的悄悄話及祝福。

《看不見的敵人》

一 讀完《看不見的敵人》請用性格列表，或者從書中的個性語詞標示人物性格，並且找出證據來支持你的看法。

・作者／阿部夏丸
・出版／親子天下

人物	健二	阿徹	聖陽	拓也	阿敦
正向性格	自信 慈悲 創意十足				
負面性格	墨守成規 猶豫不決				
理由證據					

二 你覺得自己的正面和負面性格各像哪一位？是發生什麼事情的時候呢？請說一說。

三 如果有間「性格專賣店」，你覺得主角健二會想買那些性格？為什麼？請舉出兩件事情來說明。

四 最後一個章節中，可以感覺健二、阿徹已經跟一開始的性格不一樣了嗎？是怎樣的改變？請各找出兩個證據來說明。

五 你覺得最後一個章節，阿徹爸爸對阿徹做了什麼？當下爸爸和阿徹的情緒又是如何？請參考情緒列表，或者從故事中找出來。如果你是一個親子專家，你該如何正確的引導阿徹配合大家？可以和同學或家長討論，並且將方法一一列出來。

愛哭有理，情緒萬歲

・文、圖／賴馬
・出版／親子天下

。認識哭泣

文 溫美玉

教學材料 │ 《愛哭公主》

　　愛哭公主的哭點低，動不動就會哇哇大哭回家找媽媽。生日時，大家為她布置了一個超級夢幻的粉紅派對，朋友們都精心打扮前來參加盛會。當派對開始時，愛哭公主卻突然大哭起來，躺著哭、趴著哭、滾來滾去地哭……哭聲震耳欲聾、長度持續了兩小時又二十八分鐘，朋友們紛紛落荒而逃，接下來皇后媽媽和所有人該怎麼辦呢？

教學亮點

　　愛哭到底是不是毛病？為什麼有的人哭點很低，有的人卻不容易落淚？

　　其實哭是人類感情中的一部分，也是表達自己感情的方式之一，所以哭是很正常的，尤其孩子還小的時候，言語表達尚不順暢，常常仰賴肢體表達。只是我們的社會認為哭泣就是示弱，因此不贊同哭泣這項行為，常常會用粗暴的恐嚇，或是討好式的哄騙，只求儘快結束，忽略了大哭大鬧之外更為深層的情緒問題。

　　透過賴馬這本《愛哭公主》，正好讓我們從中正視與探討愛哭這個行為，背後還有哪些不為人知的祕密呢？我們又該如何接納與轉化？

教學步驟│深度閱讀

文章內容大集合

愛哭公主的特徵有哪些？	誰 （可以畫圖）	（什麼事）讓她哭
	小兔子	

請再想想看，還有誰會做什麼事讓她愛哭？愛哭時的模樣又是如何？ 請再畫出兩件事。		
愛哭公主哭的模樣	誰 （可以畫圖）	（什麼事）讓她哭

文章內容大探索

1. 如果你是皇后媽媽，你有一個這麼愛哭的女兒，竟然就在這麼精心準備的生日派對大哭大鬧，你會有哪些情緒反應？為什麼？

2. 你覺得書中的皇后媽媽有著什麼樣的性格，為什麼？你喜歡這樣的媽媽嗎？為什麼？ 參考「性格列表」p.207

3. 你覺得愛哭公主是個壞小孩嗎？為什麼？如果你用「性格列表」指出個性，你會拿哪幾張？為什麼？

4. 愛哭是一種病嗎？為什麼你這麼認為？（不管是或否）

5. 你常哭嗎？什麼時候你會想哭？（請舉例）那個時候會有哪些情緒出現？

6. 當你想哭的時候，你最希望別人對你做什麼？為什麼？那你看別人哭的時候，你會這麼做嗎？

7. 你覺得哭是一件丟臉的事嗎？為什麼？

8. 如果你是專門研究「哭泣」的醫生，你會怎麼分析「哭泣」這件事？

哭泣的類型＋圖像	哭泣的理由	哭泣時心裡的情緒反應 （參考情緒列表 p.206）	自己或他人的實際案例 （人、事、時、地、物）
傷心哽咽			
淚眼汪汪			
嚎啕大哭			
感動流淚			

創意寫作教學

 「悲傷國」與「快樂國」顛倒錯亂的一天

　　小主人丁丁是個調皮搗蛋且脾氣陰晴不定的小獅子，不僅情緒變化無常，而且還讓住在牠身體裡的「悲傷國」與「快樂國」措手不及，不知道牠到底想要怎麼樣。

　　有一天，這兩個國家的情緒兵團，想要好好教訓丁丁，於是想到了一個絕妙的點子，那就是讓丁丁的情緒反應顛倒錯亂。

　　例如：明明是讓人高興的事情，丁丁卻難過的大哭；看到森林裡的動物受傷應該表示難過，丁丁竟然大笑。想想，丁丁在森林的這一天，會發生哪些不可收拾的糗事？或者被誤解的倒楣事呢？可憐的丁丁會如何結束這一天？

1. 主角介紹：外型、特徵、個性及興趣和專長
   · 丁丁最讓大家不喜歡的事情是什麼？為什麼？
2. 「悲傷兵團」與「快樂兵團」各有哪些成員？（參考情緒列表，如右圖）
3. 為什麼丁丁身體裡的的「情緒兵團」想要造反？
4. 請寫出丁丁從出門開始，發生「情緒錯亂」的事件（至少三件）
   · 人、事、時、地、物
   · 所有相關的人的反應？
   · 丁丁遭受的打擊與反應
5. 最後丁丁怎麼了？有改過來嗎？為什麼？森林裡的動物會怎麼幫助丁丁呢？

快樂國的情緒 （請找出至少 5 個，並且用簡圖畫出）					
愉快	高興	快樂	驚喜	痛快	狂喜
放鬆	舒服	感動	得意	平靜	幸福

悲傷國的情緒 （請找出至少 5 個，並且用簡圖畫出）					
失望	疲憊	委屈	難過	孤單	悲傷
不安	緊張	擔心	害怕	驚慌	恐懼
煩悶	挫折	嫉妒	生氣	憤怒	抓狂

瞪眼漲紅臉，
憤恨難消怎麼辦？

·文、圖 / 賴馬
·出版 / 親子天下

認識生氣

文 溫美玉

教學材料｜《生氣王子》

艾迪王子不生氣的時候是一隻可愛的小象，只是，他常常生氣。

艾迪有點生氣的時候會瞪著眼；艾迪生氣的時候會漲紅臉；

艾迪很生氣的時候，會用耳朵蓋住眼睛；

艾迪非常生氣的時候，鼻子還會打結；

艾迪非常非常生氣的時候，就會大吼大叫。

今天是美好的星期六，原本應該會是很棒的一天，

沒想到一大早，艾迪就變成了生氣王子！

起床、吃早餐、穿衣服，都讓艾迪好生氣，爸爸也好生氣！

眼看時間一分一秒的過去，

艾迪和爸爸究竟能不能順利完成這趟夢幻之行呢？

教學亮點

生氣不好嗎？一般人的答案應該是否定的，這也難怪，因為我們從小就被教導「和顏悅色」，不要隨便發脾氣，至於到底為什麼，我們思考過嗎？

如果人會感覺「快樂」，會「悲傷」，會「害羞」，為什麼就不能「生氣」？

只因為這是損人不利己的情緒嗎？如果問題是出在這裡，那麼我們要做的事情絕非否定、打壓、羞辱「生氣」這個情緒，而是引導孩子認識並接納它，進而預先學習如何管控情緒，或者更有意識地處理好這個情緒來臨的時刻。

　　賴馬的繪本總是如此貼近大人、小孩的思維與行為，簡單的文字配上絕妙的圖像，然而就如同編輯所言：每個看似幽默輕鬆的故事，其實結構嚴謹，不但務求合情合理、還要符合邏輯；每幅以巧妙手法布局的畫面細節，都歷經反覆推敲、仔細經營。

　　所以，有了方向，再搭配精采、有深度的繪本，可以玩出什麼專業又趣味的課程呢？

教學步驟│深度閱讀

文章內容大集合 1

艾迪王子穿什麼樣的衣服 （請畫出來）	生氣時的模樣	誰 （可以畫圖）	（什麼事）惹他生氣
	瞪著眼	小豬	拿錯他的書包
	耳朵蓋住	企鵝	不小心撞到他

請再想想看，還有誰會做什麼事讓他生氣？生氣時的模樣又是如何？
請再畫出三件事。

艾迪王子生氣的模樣	生氣時的模樣	誰 （可以畫圖）	（什麼事）惹他生氣

文章內容大集合 2

一樣事情,兩種面對的方式,會有哪兩種結果呢?請完成下列表格。

哪些事情讓王子和國王都很生氣呢?				
事件順序	王子的堅持與想法	情緒 參考情緒列表	國王的堅持與想法	情緒 參考情緒列表
起床				
早餐				
穿衣服				
交通				
遊樂園				
聽了老鼠爺爺的「不生氣魔法歌」之後,王子、國王的改變是?				
事件順序	王子的堅持與想法	情緒 參考情緒列表	國王的堅持與想法	情緒 參考情緒列表
起床				
早餐				
穿衣服				
交通				
遊樂園				

面對同樣的事情，兩種不同的情緒，
你覺得情緒背後有哪些性格可以對照呢？請完成下列表格。

王子和國王的經驗	
生氣時 對應的性格 （參考性格列表）	
心平氣和 對應的性格 （參考性格列表）	
你喜歡哪一種性格 的人？為什麼？	
說說你自己在生氣 與心平氣和處理事 情的經驗	生氣
	不生氣

創意寫作教學

 圖畫遊戲大家玩

賴馬的繪本真像魔法書，怎麼看都看不完，怎麼看都看不膩，接下來，就來發明圖像遊戲嘍！先想一想，再把遊戲規則按順序寫下來。

例如：圖像大集合——從書中找出各種類別的圖像，然後填在表格中，小組比賽，看哪一組最正確又最快速。

項目	名稱或數目	頁數	我想再補充
動物			
交通工具			
遊樂器材			
食物			
房屋			
衣服			

📖 上學 Part1：情緒大爆走

- 八格漫畫
- 用 A3 或四開圖畫紙折成八格，或者做成八格小書

　　這一天，生氣王子要上學，請模仿賴馬的繪本，先找出上學時在學校讓他生氣的六件事，並用漫畫方式表現「脾氣大爆走」。第一格是故事起因，最後一格留做故事結果。

📖 上學 Part2：情緒大轉彎

- 八格漫畫
- 用 A3 或四開圖畫紙折成八格，或者做成八格小書

　　接下來就是因為唱了老鼠家族的「不生氣魔法歌」，情況大改觀，所以，請再上一次學。但這回因為情緒冷靜了下來，於是這一天上學成了美好的一天。

📖 放學 part3：我的情緒「寵物」店

　　每個人都養了許多情緒寵物，你覺得每一種情緒寵物，會長什麼樣子呢？請找出五種不同類型的情緒，當成寵物把它的樣子畫出來，接著在圖畫旁邊寫一段悄悄話給這些寵物。可以是安慰，也可以是溫暖的問候，當然也可以是一首美麗的詩歌。

動機一觸動，方法就出現

· 文 / 馬丁 · 巴茲塞特
· 圖 / 馬克 · 布塔方
· 出版 / 米奇巴克

● 辨別情緒層次

文 李郁璇

教學材料│《不會寫字的獅子》

　　有一隻獅子，他不會寫字，但是他認為無所謂。因為只要他大吼一聲，所有的動物都要乖乖聽他的。

　　直到有一天，他遇到了一隻非常優雅的母獅子，想要追求她。沒想到因為不會寫字，所以無法寫信，讓他懊惱不已。獅子找了森林中的動物、昆蟲來幫忙，想不到越幫越忙；越寫越離譜，沒有一封信是獅子滿意的。

　　最後，獅子終於崩潰一遍又一遍的大吼：「我想寫信告訴她，她很漂亮！我想寫信告訴她，我多麼想見到她！我只想待在她的身邊，安安靜靜地躺在大樹下，一起看天上的星星。」在夜裡幾近絕望的呼喊，竟然被美麗的母獅子聽見了。母獅子建議獅子可以自己寫，並且耐心的教他寫字呢！這一場美麗的誤會，就在認讀 A、B、C……有了完美的結局。

教學亮點

　　《不會寫字的獅子》這本書，內容情節正巧符合了學齡兒童的處境，識字不多但充滿天馬行空的想像力，卻苦於無法適切的表達。其中情緒的矛盾與掙扎，最適合運用情緒卡來一一檢視彼此的心境了。獅子陸續請了猴子、河

馬、糞金龜、長頸鹿與鱷魚來幫他寫信，其中最具戲劇張力非糞金龜莫屬。糞金龜用心寫完信之後，不忘噴上「大便香水」，此舉讓學生笑到東倒西歪。

學生觀察到幾乎每封信件裡都會談到吃的東西，尤其是最後的鱷魚與禿鷹都提到，要留下動物的屍體與母獅子分享。大家都以為「吃」才是追女朋友的必要招式，想不到這隻外表凶悍的獅子，卻有一顆浪漫的心。

「情緒識別卡」運用在繪本教學上，可以清楚解析出，主角在每一段落情緒呈現的高低起伏。原本不可一世的獅大王，因為不會寫字求助於動物，內容屢屢受挫，到最後以無力、絕望的吶喊迴盪在夜晚的森林中，多麼有戲劇張力的畫面啊！文學作品最令人激賞的地方，就是那條細微而具韌性的線，拋出後能緊緊牽繫住讀者的心。

教學步驟

一 利用情緒卡討論獅子在故事中，面對不同動物為他寫信的情緒轉折。

二 將故事內容表格化討論主角的情緒表現。

三 將信件內容讓學生做比較，如果自己是故事中的獅子，當下的情緒會有什麼不同的表現。

四 為什麼在後期，獅子的情緒會愈來愈呈現高壓緊繃的狀態？

五 生氣的情緒，在不同段落中都有表現出來，但是層次不同請學生指出來，並說明原因。

六 禿鷹的信件是壓垮獅子情緒的最後一根稻草，為什麼獅子會如此崩潰、絕望呢？

七 你覺得故事就這樣結束嗎？這樣結束有什麼不好？你覺得還有誰能來幫助他？

- 利用表格內容 (p.70) 討論每隻動物或昆蟲寫信的內容。

  1. 為什麼猴子會想要邀請母獅子吃香蕉？地點在哪裡？

  2. 為什麼河馬想邀請母獅子吃水草？地點在哪裡？

  3. 糞金龜這樣寫真的有錯嗎？他噴香水的原因是什麼？如果你今天是母糞金龜，你會怎麼想？

  4. 獅子無法接受糞金龜信的內容，原因在哪裡？

  5. 鱷魚、禿鷹喜愛的食物跟獅子差不多，為什麼獅子卡片上不願意這樣寫呢？你覺得原因有哪些？

- 運用情緒卡來整理獅子從第一封到最後一封的情緒表現。

  1. 一開始的情緒可能有：期待、緊張、興奮……為什麼？

  2. 普通生氣：猴子、河馬

  3. 中等憤怒：糞金龜

  4. 終極抓狂：鱷魚、禿鷹

不會寫字的獅子

主角	幫忙寫信的動物、昆蟲	信件內容	獅子的情緒	情緒的層次
獅子	猴子	親愛的小姐，妳願意跟我一起爬樹嗎？我摘了香蕉，真的很好吃喔！趕快來吃吧！ 愛妳的獅子	開心 尷尬 生氣	可以讓學生比較情緒的高低起伏，或同類情緒的層次性。
	河馬	親愛的小姐，妳願意和我一起在河裡泡澡、吃水草嗎？真的很好吃喔！趕快來吃吧！ 愛妳的獅子	不安 挫折 驚訝	
	糞金龜	親愛的小姐，妳願意和我一起在地上打滾嗎？我為妳保留了一顆新鮮的牛糞真的很好吃喔！趕快來吃吧！ 愛妳的獅子	難過 憤怒 抓狂	
	長頸鹿		震驚	
	鱷魚	親愛的小姐，我還剩下一塊長頸鹿的肉當晚餐，妳願意和我一起分享嗎？趕快來吃吧！ 愛妳的獅子	憤怒 沮喪 尷尬	
	禿鷹	親愛的小姐，我是獅子，偉大的獅子領導者。我想要認識妳！妳願意和我一起飛越叢林嗎？我知道哪裡有動物的屍體，真的很好吃喔！趕快來吃吧！ 愛妳的獅子	愉快 滿足 得意 震驚 痛苦 抓狂 絕望	

創意寫作教學

📖 作文題目 1：寫給母獅子的一封信

• 寫作思考

　　寫作前，老師先做戲劇表演，深深地嘆一口氣，激起學生的同情心。接著說：「唉！這隻獅子好可憐，竟然沒有一隻動物可以寫出他心裡想要的，我想只有你們可以幫助獅子了！請問小朋友願意幫幫這隻獅子的忙嗎？」

• 寫作引導綱要

1. 先說那天你看到母獅子時，心中的感覺。
2. 獅子最大的心願就是與母獅子安安靜靜地躺在大樹下，一起看天上的星星，你如何再幫獅子寫得更完整、更浪漫一點呢！
3. 最後，請對母獅子提出一個約會，時間、地點以及要一起做什麼事情，寫得越有誠意，母獅子越會答應你喔！

學生作品

> 高雄市新光國小
> 梁睿琦
>
> 親愛的母獅子：
>
> 請問妳最喜歡去哪裡？我想跟妳坐在樹上看著月亮。
> 妳最喜歡吃什麼東西？我想送妳一個大大的擁抱。
> 我最想跟妳說妳好漂亮。妳願意跟我結婚嗎？
> 我好愛妳喔！
> 妳會看書喔！而且妳的眼神很溫柔，我好想跟妳在一起。
> 妳是全世界最美的獅子
>
> 　　　　　　　　　　愛妳的獅子

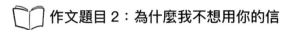 **作文題目 2：為什麼我不想用你的信**

・寫作思考

請選擇故事中的一隻動物，告訴他為什麼你不想用他的信？他的內容對你來說有什麼不合適的地方？讓他下次可以更清楚的完成你交代的任務。

・寫作引導綱要

1. 親愛的 ＿＿＿＿＿＿ 你好：

2. 先寫下這封信的內容，再一項項告訴他哪裡出了問題？

3. 信件怎麼修改比較符合你想要的樣子？

4. 最後還是要謝謝他願意幫你這個忙。

勇敢，
從正視害怕開始

．文、圖／賴馬
．出版／親子天下

．勇氣萌生

文 溫美玉

教學材料｜《勇敢小火車——卡爾的特別任務》

卡爾和媽媽溫蒂是咕咕鎮的送貨小火車。聖誕老公公要送出「勇氣禮物」給特別勇敢的小朋友，可是媽媽溫蒂卻故障了，小火車卡爾自告奮勇代替媽媽出任務。

平常只有在鎮上送貨，卡爾從沒出過遠門，但這次為了幫媽媽的忙，他決定勇敢跨出第一步。

卡爾能克服害怕，順利將禮物送達小朋友的手中嗎？他又會從中學習到什麼能力和道理呢？

教學亮點

作者賴馬說：「希望孩子們能夠在有把握、有準備、安全的狀況下克服恐懼，增強自己的信心。就像在故事裡，有了地圖導航、媽媽的徽章、不怕口訣、在固定的軌道上……我們是否可以試著不因為害怕而忘記欣賞沿途的風景。」是的，如作者所言，《勇敢小火車——卡爾的特別任務》最有價值之處是正視害怕，接納恐懼，並且為這些情緒找到溫柔對待的方法與方式。於是，勇氣就在前方展開雙臂擁抱曾經害怕的我們。

　　雖然這只是個日常生活的故事，但是最有童心與孩子總在一國的賴馬爸爸，還是鋪排了許多的「梗」，讓人不得不替主角卡爾捏好幾把冷汗。從未單獨出遠門送貨的小火車卡爾，該如何克服害怕，平安穿越沙沙作響的黑森林、黑漆漆的饅頭山，以及又高又長的跨海大橋？這些事件正好凸顯人類的共通性格，也就是，我們常因未知或既定主觀印象帶來恐懼壓力，不是裹足不前，就是成為性格陰影，平白失去大好機會已經可惜，若是造成性格缺憾更是不幸。

　　雖然害怕的情緒是錯綜複雜與幽微深邃，但只要從中引燃一道火光，讓微光引領孩子走向勇氣的那一扇門，推開那扇門，勇氣是可以學習的。

教學步驟｜深度閱讀

一 勇敢的人兒在這裡 　參考「性格列表」p.207

1. 請從故事中找出卡爾的資料，讓低年級以上孩子一一填入（畫或寫都可以）

2. 把自己也當成一個故事的主角，並依照表格內的提示，慢慢填上相關資料

人物	外型		心理特質	社會性能力			
	大頭貼（畫出來）	長相、特徵穿著	性格（優點）	身世背景	人際（和別人相處）	專長興趣	做事能力
卡爾小火車							
我自己							

二 情節手法大解密

　　卡爾挑戰一個人去遠方送貨，你也可以讓自己成為另一個故事的主角，把腦中曾經想過的夢想、挑戰變成精采刺激的故事，讓自己在虛擬的世界中練就一身好武功。

	起因	遇見的困難（問題）	事前準備及當下的祕密武器	解決了哪些難關
卡爾的冒險	一個人去遠方送貨	1. 沙沙作響的黑森林 2. 黑漆漆的饅頭山 3. 又高又長的跨海大橋	1. 地圖導航 2. 媽媽的徽章 3. 不怕口訣 4. 在固定的軌道上	
我的冒險				

三 勇氣的前世與今生

1. 卡爾的媽媽及其他好朋友，對於卡爾要獨自出遠門，為什麼不阻止？他們又給了什麼樣的協助呢？做了這些之後就足夠了嗎？為什麼？如果是你，你會怎麼做？

2. 請畫出卡爾在一個人的旅程中的情緒心電圖（如下圖）

3. 請製作一張勇氣獎狀給卡爾，並寫上你認為他值得領獎狀的的地方

4. 請幫卡爾的媽媽寫一封信給卡爾，信中包括：

　‧原先的擔心與期待，並說明為什麼

　‧看見他克服難關並幫助他人的事情

　‧覺得能有這樣的孩子非常光榮與驕傲

5. 你是一個容易緊張、害怕的人嗎？日常生活中有哪些事情會讓你產生這些情緒？碰到這些事情時，你都是怎麼做的？看了卡爾的故事，你有想到如何克服害怕的方法嗎？請舉例說明。

事件 （從故事中找到六個事件）	想要獨自一人幫媽媽到遠方送貨					
情緒卡						
情緒心電圖　2						
1						
0						
−1						
−2						

★ 0：平靜情緒　正：好情緒　負：壞情緒　參考「情緒列表」p.206

堅強面對，
享受成長的喜悅

····• 長大的滋味

文 魏瑛娟

·文／朱里安諾
·譯／洪絹
·出版／格林文化

教學材料 │ 《我不想長大》

　　書中名叫小蚪的小蝌蚪從透明的卵殼裡游出來了，他好喜歡自己身上的尾巴，只要搖搖尾巴，就可以游得好快，他和荷花池裡的動物們每天一起在水中快樂的玩著，小蚪覺得他的人生一切都是那麼的美好！

　　可是有一天早上，可怕的事情發生了！他的尾巴變短了，而且身上竟然長出了兩隻奇怪東西，小蚪非常的震驚、害怕。「我要變怪物啦！」小蚪緊張的向媽媽哭訴。這時，青蛙爺爺和池塘裡的動物們也都來安慰小蚪。

　　但更嚴重的是，在他還沒有意識到如何面對這個改變時，身體卻又產生了更劇烈的變化，那就是他最心愛的尾巴完全不見了，取而代之的是他覺得毫無用處的四條腿。雖然大家一再的安慰他，但是小蚪依然不願意接受身體改變的事實。就在這個時候，他遇見一隻狡猾的大蛇，在危急之際，他的腿不但救了他，同時也讓他看見了陸地上更美麗的新世界。小蚪終於明白，長大是一件好事。

教學亮點

　　本書在敘述小蝌蚪變成青蛙的過程。在故事中，主角歷經了兩個身體的變化及一個危機的轉折點，才接受了身體變化的事實並感受到長大所帶來的意義。在這些歷程裡，主角小蚪的情緒是一波三折的，而最吸引人的故事情節莫過於此，唯有情緒張力十足，激起人心脈動共振的劇情才是最能撼動你我、引起共鳴的。如果這時能適當的加入「情緒識別卡」這把引導金鑰，孩子就能輕易的走入書中的世界裡，與主角一起感受內心的跌宕起伏。更進一步的，孩子可以因著主角產生的情緒，為角色加入對話、表情及動作，擴寫出一篇充滿畫面的文章。

　　在繪本故事裡，蝌蚪在遇到生命轉折時，池塘裡的長輩或朋友都會給予安慰，在自己擴寫故事時，如何讓這些安慰小蝌蚪的配角更鮮明的登場呢？當然就是從「性格特質卡」出發啦！不同性格的角色，安慰小蝌蚪的語氣必然不同，這樣寫起來，既可以讓配角的角色更加鮮明、語氣更加生動，孩子也會覺得寫作充滿了趣味喔！

教學步驟

一 利用情緒卡討論小蝌蚪在身體變化時情緒的改變

1. 「情緒識別卡」依「喜」、「怒」、「哀」、「懼」四類張貼在黑板上。

2. 將蝌蚪成長的過程分為「從卵裡孵化」、「尾巴變短長出二條腿」、「長出四條腿」、「化解危機」四個歷程。

3. 請學生挑出適合的情緒卡分別貼在這四個歷程之下。

4. 依據蝌蚪的情緒，討論與此情緒相對應的「對話」、「表情」、「動作」。

5. 將想到的「對話」、「表情」、「動作」寫在便利貼，並貼在相對應的情緒卡上。

6. 共同分享便利貼的內容。

二 利用性格卡引出安慰蝌蚪的配角人物

1. 討論荷花池裡可能還有哪些角色人物可能會安慰小蝌蚪。

2. 和孩子一起設定一個在蝌蚪「尾巴變短、長出二條腿」時，會來安慰他的角色。（例如：慈悲、溫和）

3. 和孩子討論具備這些性格的人，可能會說出哪些話來安慰小蝌蚪。

4. 和孩子一起設定另一個在蝌蚪「長出四條腿」時，會來安慰他的角色。（例如：獨立、暴躁、不拘小節）

5. 和孩子討論具備這些性格的人，可能會說出哪些話來安慰小蝌蚪。

創意寫作教學

📖 作文題目 1：最佳編劇就是我

· 寫作思考

故事裡的小蚪遇到了很多變化，讓他的情緒有時快樂得飛上天，有時難過得跌到地上。平時，你高興的時候，會說什麼話？做出什麼動作？臉上的表情又是怎麼樣的呢？而在難過的時候，你會說什麼話？又會有哪些表情和動作呢？

那麼故事中的小蚪呢？如果你是一位編劇，當故事主角出現這些情緒時，你會安排他說出哪些對話，做出哪些表情和動作呢？。

· 寫作引導綱要

1. 小蝌蚪怎麼從卵裡出來？他看到自己的身體時，他覺得怎麼樣？他可能會有哪些對話、表情或動作？

2. 有一天，小蝌蚪突然長出了兩條腿。這時候，他覺得怎麼樣？他可能

會有哪些對話、表情或動作？

3. 幾天後，小蝌蚪又無緣無故的長出了另外兩條腿，他覺得怎麼樣？他可能會有哪些對話、表情或動作？

4. 就在小蝌蚪覺得長大一點都不好的時候，發生了什麼事？（這裡可以想另外的事件喔！不一定要跟書本裡寫的一樣。）

5. 他終於覺得長大也不錯呀！這時，他覺得怎麼樣？他可能會有哪些對話、表情或動作？

學生作品

臺南市白河國小
二甲　　吳佳諭

在一個晴朗的早晨，在一個美麗的池塘，有一隻青蛙媽媽產下好多卵。小愛蓮慢慢的旋轉終於出來了。小愛蓮看看自己的身體，她驚訝的搖搖自己的尾巴說：「哇！我的身體怎麼這麼棒！我超級的完美呢！」。

有一天，小愛蓮發現自己的腳愈來愈長，尾巴卻愈來愈短。她沮喪又難過的躲在蓮花下面的貝殼避難小屋裡，得意的說：「怎麼會這樣？」接著她開始覺得抓狂又憤怒，她用力的把蓮花弄破再把福壽螺踢走。她生氣的說：「豈有此理！」「把我的尾巴還給我！」最後，她覺得又緊張又恐懼，她開始起雞皮疙瘩又冒冷汗，她說：「如果我的尾巴再也長不出來了，怎麼辦？」

五天後，小愛蓮的尾巴不見了，卻又長出了另外兩條腿，她覺得很驚訝，她驚聲尖叫，後退三百步，眼睛翻白眼、嘴巴張得比大象還要大的說：「阿娘喂～我的肚子！我為什麼有這麼大顆的肚子？簡直和一顆大大的籃球一樣。」

📖 作文題目 2：給小蝌蚪的一封信——性格配角主場

・寫作思考

    小蝌蚪在難過時，身邊總有家人或朋友來安慰他，你覺得池塘裡還有哪些生物也會來安慰他？他們各是什麼性格的人？這些不同性格的人會在信中寫出哪些話來安慰小蝌蚪呢？現在就試著把自信當做不同性格角色的人，從他們的角度來寫給小蝌蚪一封安慰信吧！

・寫作引導綱要

1. 一開始，你怎麼稱呼小蝌蚪？
2. 你怎麼知道小蝌蚪的身體有了變化？（從朋友那裡得知、躲在旁邊偷偷看到……）
3. 你要說什麼話來安慰小蝌蚪？
4. 最後你要怎麼對小蝌蚪稱呼自己？

尊重他人，
認識獨一無二的自己

展現自信

文　楊沛綸

・文、圖 / 艾美・楊
・出版 / 台灣東方

教學材料 | 《大腳丫跳芭蕾》

　　貝琳達是個熱愛芭蕾舞的女孩，她每天認真練習，為了就是即將到來的芭蕾舞者評選。當貝琳達一步步走到舞台中央，沒想到評審一看到她的大腳丫時立刻大聲尖叫：「暫停！妳的腳大得像條船，簡直和海豹的鰭腳沒兩樣！」唉，貝琳達連上台的機會都沒有，失落的她只能去找工作。

　　貝琳達來到一家餐廳當服務生，有次，愛跳舞的貝琳達忍不住隨著音樂翩翩起舞，獲得很大的肯定。

　　更多客人來看她跳舞，最後連大都會劇院的指揮也慕名而來。劇團指揮被她的舞蹈感動，主動邀請她到大都會劇院表演。通過成長考驗的貝琳達更具自信地在舞台上表演，她更清楚自己應該在乎什麼，至於那些評審們對她大腳丫有什麼看法，已經不重要了。

教學亮點

　　《大腳丫跳芭蕾》非常適合缺乏自信的孩子閱讀，本書透過淺顯易懂的文字和圖像，讓讀者清楚看見作者要傳達的主旨意涵，正是幫助孩子認識「情

緒變化」與「面對事情的態度與做法」的好教材。

故事導讀過程中，可以跟小朋友討論故事中主角的情緒變化，也可以讓小讀者分享自己曾經遇到的類似經驗，進而學習如何尊重他人，看待別人的不一樣，而不把嘲笑他人當成一種娛樂。

教學步驟

一 用表格呈現故事結構中的「事件經過」

二 引導學生思考書中文字與圖像，並描述貝琳達的情緒變化

三 主角貝琳達性格分析

貝琳達的心情臉譜

<table>
<tr><td colspan="2"></td><td>是什麼</td><td>怎麼樣
(情緒卡)</td><td>性格卡</td></tr>
<tr><td rowspan="3">事件經過</td><td>一開始</td><td>1. 評審看到她的大腳丫時對她說的話。
2. 站在鏡子前對自己說：「或許我真的不適合跳舞。」</td><td></td><td></td></tr>
<tr><td>然後</td><td>1. 在餐廳工作時想念跳舞的時光。
2. 跟著樂團打拍子，忍不住隨著音樂翩翩起舞。
3. 餐廳老闆請求她跳舞給客人看。</td><td></td><td></td></tr>
<tr><td>最後</td><td>1. 劇團指揮主動邀請她到大都會劇院表演。
2. 再次登上舞台表演時。</td><td></td><td></td></tr>
<tr><td colspan="2">結果＋迴響</td><td></td><td></td><td></td></tr>
</table>

創意寫作教學

 作文題目：小舞鞋寫給貝琳達的一封信

・寫作思考

　　親愛的小朋友，看完了大腳丫貝琳達的故事後，我們都知道她因為沒有自信，而差點放棄了夢想。如果你是貝琳達的舞鞋，你想跟她說些什麼？

・寫作引導綱要

1. 貝琳達的大腳丫有沒有影響她跳舞的能力？從哪裡看得出來？（舉出兩個例子）

2. 當貝琳達遭受評審的批評後，為什麼還可以成為舞者？（因為她……所以……）

3. 如果你是貝琳達的舞鞋，你要怎麼鼓勵她？

4. 書中評審以貌取人的行為好嗎？是不是有更好的方式？你想對評審說什麼？

5. 如果你和貝琳達一樣有雙大腳丫，你會在乎別人的眼光嗎？為什麼？

6. 你的夢想是什麼？你要如何達成你的目標呢？說說看。

7. 如果在你努力的過程中，一直沒有得到別人的肯定，甚至有人嘲笑你，你會怎麼做？為什麼？

學生作品

臺南市建功國小
一年級　黃宗瑩

親愛的貝琳達妳好：

　　我是妳的芭蕾舞鞋，我覺得被妳穿上很好，因為只要你跳舞什麼都好。貝琳達妳好像我的親姊姊，每天為我擦鞋不會太用力，跳舞的時候也小小力的跳，貝琳達妳跳舞的時候很輕盈，就像麻雀一樣輕盈。

　　貝琳達不要傷心，我幫妳消消氣，而且還有我啊！被妳穿上腳上，我覺得很光榮。貝琳達妳遇到了好友樂團，音樂響起，妳就開始跟著跳起來，最後被大都會劇團挖腳，最後妳振作起來了。

　　我在下面看到觀眾是驚訝的表情和充滿羨慕的眼光。當他們在看你的時候，都不在意妳的大腳丫，因為所有的人都只在意你的風格，還有美妙的舞姿。

　　親愛的貝琳達，加油！你可以到舞台表演最美的舞姿，我可以永遠當妳的舞鞋，妳是最棒的！要相信自己喔～

　　　　　　　　　　　　　　　　　妳的芭蕾舞鞋敬上

一支筆和一本書，就能改變世界

• 公民責任

文　楊沛綸

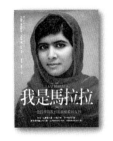

· 文 / 馬拉拉・優薩福扎伊
　　派翠西亞・麥考密克
· 譯 / 朱浩一
· 出版 / 愛米粒

教學材料│《諾貝爾和平獎得主——馬拉拉》

　　和台灣同樣位於亞洲的一個國家——阿富汗，在這裡女孩子不能上學讀書；而鄰國的巴基斯坦有個十一歲的女孩馬拉拉，在父親的鼓勵之下，開始寫部落格向世界發聲，她向世界吶喊：「我要讀書！」

　　巴基斯坦是全球文盲人數最多的國家之一，失學孩童的人數也是全球排名第二高。馬拉拉因為提倡女性受教權，遭塔利班槍擊，成為巴基斯坦推展教育運動的代表人物。大難不死的馬拉拉說：「即使現在塔利班站在我面前，我也不會回他一槍！因為一個孩子、一位教師、一支筆和一本書，可以改變世界，筆和書才是戰勝恐怖主義的武器。」

教學亮點

　　因為六年級課文《我的阿富汗筆友》，我為高年級孩子介紹了九一一事件、塔利班、難民等議題。透過繪本賞析、影片觀賞，導讀關於阿富汗、巴基斯坦難民的青少年小說。結果故事才開始，學生的一句「阿富汗是誰？」讓我更加確定，我要用馬拉拉主題打開孩子的國際視野。

　　我深深覺得馬拉拉捍衛女子受教權的英勇行為，應該被台灣每個孩子知

道，或許他們很難體會戰爭所帶來的種種後果，但透過阿富汗內戰和馬拉拉的議題，還有本世紀最嚴重的難民潮議題，讓孩子明白人權不會從天而降。

創意寫作教學

 **導讀繪本**

- **故事摘要**

1. **《世界上最美麗的村子》**

   帕古曼村一到夏天，果子結實纍纍，鮮甜多汁，主角亞摩由於哥哥被徵召上戰場，他代替哥哥幫忙父親到城市賣水果，父親還帶著亞摩到綿羊市場買了一隻小羊，他替小羊取了名字叫「巴哈兒」（春天之意），意味著期待春天趕快到來，哥哥可以早點回來與家人團聚。但，這年的冬天，村子遭到了戰爭的破壞，現在，帕古曼村已經不存在了。

　·文、圖／小林豐
　·譯／黃宣勳
　·出版／小魯文化

2. **《四隻腳兩隻鞋》**

   當救援人員帶著二手衣物來到難民營，所有人蜂擁而出，緊緊抓住自己搶到的東西。十歲大的琳娜找到一只合腳的涼鞋，另一腳卻被被另一個女孩——芙蘿莎撿去。很快的，琳娜與芙蘿莎碰面了，兩人共穿這雙鞋。隨著日子過去，兩個女孩一起在河邊洗衣，一起排隊取水，一起等著自己的名字出現在重置家庭的名單上，兩只涼鞋陪著她們一起度過。

　·文／凱倫·威廉斯
　　卡卓拉·穆罕默德
　·圖／道格·查伊卡
　·譯／陳雅茜
　·出版／小天下

書中以每天都活在不確定與恐懼之中的難民為主角，刻畫出這些人們所具有的力量、勇氣與希望，其傳達的主旨是友誼的可貴。

- **馬拉拉特別報導視頻觀賞**

- **發展活動**

　　1. 將馬拉拉的故事以表格方式呈現

　　2. 說明事件經過並描述馬拉拉的情緒變化——情緒推理

　　3. 用「性格特質卡」做主角個性分析

勇敢的馬拉拉

背景	地點： 人物刻畫： 人物性格：			
起因	塔利班禁止女生上學			
問題	馬拉拉想要爭取女子受教權			
		是什麼	怎麼樣	結果	馬拉拉的情緒變化
解決辦法	解決一	爸爸建議她寫部落格向外發聲	西方國家的人民知道塔利班所作所為	惹怒塔利班，於是塔利班不斷炸掉學校	
	解決二	馬拉拉遭巴基斯坦塔利班以行刑的方式槍擊	頭部中彈，陷入昏迷	緊急開刀取出子彈，隨即送往英國接受更進一步治療	
	解決三	目前在英國接受教育的馬拉拉四處演講	給筆，不要給槍 給老師，不要給士兵 給書，不要給子彈	成為諾貝爾和平獎有史以來最年輕的候選者	
結果	獲得 2014 年諾貝爾和平獎			
迴響				

我眼中的馬拉拉、勇氣

臺南市大內國小 頭社分校
五年級　楊幸芸

　　馬拉拉出生在巴基斯坦，我眼中的馬拉拉非常的漂亮，她的頭髮被頭巾遮住，所以看不到她的頭髮長度。但我發現她的頭巾幾乎都是白色、粉紅色或桃紅色的。

　　有一群人組成了塔利班組織，這些成員很多人都沒讀過書，所以才會被洗腦做壞事。例如：塔利班組織不讓女生上學也不准她們聽音樂、跳舞……幾乎是什麼事都不能做。塔利班恐怖組織讓阿富汗和巴基斯坦的人民失去自由，不只是這兩個國家受到威脅，連遠在美國的雙子星大樓也被塔利班恐怖組織領導人 —— 賓拉登給毀掉了！

　　馬拉拉為了讓女孩們可以讀書，她做了許多反抗塔利班的行動，例如：她在十二歲時就已經開始在網路上寫部落格，抗議塔利班的所作所為，就算遭到威脅她還是會繼續上學、繼續抗議，直到十五歲那年，馬拉拉搭乘的校車被塔利班攔了下來，塔利班人員問：誰是馬拉拉？隨即對她的頭部「碰！碰！碰！」開了三槍，同車的同學也受到波及……真可怕。馬拉拉立刻被送到巴基斯坦的醫院取出子彈，後來又被送到英國治療。一般人被子彈打中頭部可能喪命，但馬拉拉奇蹟似地活下來了，她雖然受了重傷，但她一點都不害怕，她的勇敢讓她有機會站上聯合國做公開演說，2013年當選「諾貝爾和平獎」最年輕的候選人，也在 2014 年成為諾貝爾和平獎最年輕的得主。

　　馬拉拉說知識就是力量，所以她才會一直努力讀書，雖然成為塔利班的眼中釘，但是她始終沒有放棄求學。我覺得馬拉拉既漂亮又勇敢、聰明，她讓我學到當我遇到困難時要勇敢面對，也要努力讀書才能實現夢想，更要有一顆善良的心，即使別人的反對，也要以寬容的態度去面對。

Part 3

教學
蹲馬步

班級經營與親師溝通

雙卡對於經常發生衝突的學校、家庭,是最不花成本的實務工具,能快速有效地解決眼前的困境,進而創造雙贏或三贏。

最佳輔導諮商救援投手，就位！

·····• 祕密武器

文 溫美玉

　　自從我把情緒、性格雙卡運用在班級經營後，彷彿如神助般的不斷出現奇蹟，連孩子在家庭中的衝突都減少，而且在「溫老師備課 party」臉書社群，也常常傳來全國各地老師、家長們體驗後感覺不可思議的分享。很難相信這麼簡單的情緒輔具，竟然可以達到讓人如此滿意的成效，這樣的現象說明了什麼？

　　班級的師生地位、家庭的親子關係，或許比不上先進國家的開放，但是傳統上對下的絕對權威漸漸面臨空前挑戰。所以，老師或家長遇到與孩子衝突，或者面對孩子之間的糾紛，若還停留在指責、命令的解決方式，不但容易讓人反感，若是老師，不小心還會招致家長的反撲。

　　以老師而言，在校教學工作繁重，學校活動、額外的行政瑣事更是應接不暇，所以，面對三不五時的學生衝突，情緒很容易雪上加霜般的沉重，或者說像顆不定時炸彈般地隨時都可能爆炸。另外，除了老師之外，家長的親子衝突事件也不遑多讓。這時，老師、家長都恨不得能夠學會情緒管理，最好還精通輔導諮商的技巧，這麼一來，才能在孩子面前示範最好的情緒處理方式，讓事件的傷害降到最低，否則每每落得老師氣得半死，孩子卻可能毫不領情的狀態，更慘的是，還可能產生一大堆兩敗俱傷的後遺症。

要所有大人都成為輔導高手，絕對是強人所難，也是緩不濟急。還好，有了情緒、性格雙卡的協助，雖說無法完全取代專業，但用在衝突無時不刻都在發生的學校、家庭，無疑是一場及時雨，更是最不花成本又貼近現場實務的最佳工具，能讓非專業人士，快速有效的上手解決眼前的困境，進而創造雙贏或三贏。

　　為了讓更多老師或家長理解雙卡在人際衝突的使用為何，本章將提供實際的案例，從中可以看見老師如何運用雙卡在班級經營，或是利用雙卡在與孩子個別簡單的輔導與諮商。不要懷疑，只要您願意嘗試，一定也可以輕鬆地使用在各種人際溝通與相處上的衝突。

卡片助攻，
卸下武裝說真相

•親師溝通

文 溫美玉

　　徐志摩說：「如果真相是一種傷害，請選擇謊言；如果謊言是一種傷害，請選擇沉默；如果沉默是一種傷害，請選擇離開。」這是戀人間的智慧提醒，其實在親師溝通的過程也很符合。不過，我認為偶爾選擇「離開」是必要的，因為可以避免立即性的撕裂，但這絕非長久之計，更積極的解決方案應該是面對。

　　當一個老師無時無刻都得面臨「真相」與「謊言」的掙扎，每天望著聯絡簿，躊躇著到底要不要把孩子的真實狀況，如實向家長陳述？還是睜隻眼閉隻眼，假裝沒這回事？面對這種天職或宿命只能選擇逃避，或者，能夠更積極的理出頭緒，成為內在的 SOP（Standard Operating Procedure 標準作業流程）？

　　我們也曾是家長，或者有一天會成為家長，我得承認，當家長的真的很不想看到因為孩子的行為，被老師告狀或約談，不知怎的，雖然不是本人犯錯，但就是一種深深的挫敗襲來，其中混雜著無數負面的情緒，常常一時理不清，除了自責，還會流彈四射，責罵或處罰孩子大概跑不掉，抱怨老公（老婆）不幫忙也是理所當然，再無處宣洩時，只好怪老師和學校教導無方。

當家長的，沒有人願意讓孩子驕縱無禮；當老師的，沒有人不希望孩子受教過程中拉他一把，本文不想討論看事情的角度對與錯，而想分享一則最通俗、最容易發生的狀況，若還有其他特例，不在此文討論範圍。

執行步驟｜親師生三贏的溝通案例（此狀況應該每個班級都會出現）

　　○○注意力非常不集中，所有任課老師皆頭痛萬分。課業完成度可想而知也讓人擔憂，即使在聯絡簿上通知家長，家長在苦無對策之下，也只能代筆求得過關。

一　請老師感同身受，因為家長也很無奈

　　找了機會約談家長，我的動作、表情絕對是「同理心」出發。所以第一句話必定是：「爸爸媽媽辛苦了，這不是你們的事，我們一起來幫助孩子。」

　　千言萬語，就從這一句開始吧！

　　只有卸除家長的緊張、害怕與孤獨無助，親師才是真正站在同一陣線，才是可以敞開胸懷共商大事的家人。當家長知道我不是為了「告狀」，也絕不會讓他們覺得羞愧、無能，家長的安心立即寫在臉上，也願意真誠面對之前錯誤教養觀念與想法，此刻再補：「沒有人天生就會當父母，我是過來人，我犯的錯誤不會比你少，可能我只是比較願意思考補正而已。」家長更確定在這陌生的場所，他一點都不孤單。

二　積極建設性的建議與合作

　　去除對老師的戒心與恐懼，兩造合作創造雙贏！

針對孩子專注力不集中，我反而要家長「讓孩子用力的去玩，玩到過癮（喜歡的運動），甚至短期無法如期繳交功課也無妨！」

家長咋舌驚訝溫老師的論調，為何跟所有外圍人士相異？我笑笑：「一般的專注力不集中不是病，是沒有找到他最想要、最能專心的事情啊！如果先滿足他，例如，找個球隊或團隊讓他有自尊、自信，後續我們才能與他約法三章開始談條件。」

之後的親師溝通成了一起為孩子找出路，家長不再閃閃躲躲，天天幫孩子「擦屁股」和圓謊。當家長卸下對老師的防衛，也相信老師絕不是故意叫他功課沒寫好先去玩是「反話」，親師生成為真正的一家人。

三 心理建設：即使親師生三方合作，不見得能完全杜絕孩子的惡習

要知道老師不是神，也會犯錯，覺得孩子不可饒恕，有些責任在於我們的「偏見」、「我執」，放下這些，力圖跟孩子盡釋前嫌，目標是彼此看到還會笑會願意擁抱，其他的就只能交給時間與上帝嘍！

為了讓老師、家長們更方便了解親、師兩造的處理過程，我會用更具體的「情緒識別卡」來呈現，並用黑板來個「圖文」解說，從真正的專業面貌到心理輔導，「情緒識別卡」絕對可以幫助親師雙方找到更加和諧的溝通模式。

情緒自白書，
一魚三吃好藥方

• 衝突發生

文 溫美玉

　　孩子相處難免有摩擦，尤其雙方若有肢體衝突更是麻煩。當下絕對都想讓對方難堪，或者想藉由位高權重者（老師、家長）的仲裁，討回公道，彷彿如此才能大快人心。但事情已然發生，大人們就得處理，我尋思，拚個「你死我活」難道真是孩子們的目的嗎？有沒有一個更理想的方式，化「危機」為「轉機」，甚至避免日後這些不愉快的事情再度發生呢？

　　遺憾的事情無可避免，但我們應該從中學會教訓，並且滋長智慧因應未來無窮盡的意外，不是嗎？所以，做為一名成人在協助處理重大糾紛時，重點不是去問誰對誰錯，而是讓孩子省思、釐清這件事為什麼發生？過程中哪裡讓自己的情緒爆炸？這些情緒是從何而來？有辦法認識並和這些情緒和平共處嗎？

我不知道自己到底怎麼了？

　　除此，情緒不見得跟別人有嚴重衝突才會發生，莫名無端的傷感；別人一句不經意的言語刺激；或者天災人禍的外在事件不斷襲擊，其實，我們都應該引導孩子正視這些情緒的流竄與蔓延。

　　成人們其實可以提醒孩子，靜下心來，慢慢與自己的內心對話，拿出一張

張的情緒卡，看看到底自己有什麼不舒服的感覺。如果可以，找師長談談也不失為止痛之策。最後，再好好思索，什麼樣的性格能永遠擁有春風，擁抱陽光？於是我擬了「情緒自白書」，列了幾個問題，目的就是幫助孩子有機會成為情緒管理的好主人。

老師、父母親都不是神，不管處在何時與身在何處，我們也會犯錯，也常感到脆弱無助，這時，何不跟著孩子一樣，拿起「情緒自白書」自我偵測、療癒一番？讓我們一起分享這樣的歷程，學會覺察自己，或許就能更堅強，更加勇敢的邁出大步迎向挑戰了！

執行步驟│使用情緒自白書

😊 **貼心小叮嚀：**

1. 請把整件事發生的經過先寫下來（條列重點與事實，例如：1. ○○的手打到我的頭 2……）

2. 請在事件下方，找出你和對方的情緒反應 `參考「情緒列表」p.206`

   ・你的情緒反應（例如：他的手打到我，我覺得很「生氣」就馬上打回去）

   ・想想，對方的情緒又是如何？（例如：我想他應該是「憤怒」，因為他好像不是故意的！）

3. 這麼做產生了什麼後果？你不滿意這樣的結果是為什麼？

4. 如果可以重新倒帶，自己該怎麼做，才能彌補這次的傷害？這時的情緒又可能是如何？對方又會是怎樣的情緒反應呢？ `參考「情緒列表」p.206`

5. 經過這件事，你想成為什麼樣的人？怎樣做才能擁有這些人格特質呢？ `參考「正向性格列表」p.207`

情緒自白書

事件＋情緒＋品格 三效合一

自我介紹＋前言	我的名字是 _____，我就讀 ____ 年 ____ 班　　　座號 _____ 大家都說我是一個_____的人。今天很不幸，發生了一件不愉快的事，我想好好整理這件事，到底為什麼發生，又為什麼會讓彼此不舒服，希望我能夠找到適當的處理方式，藉由這件事的學習，讓自己更有智慧去面對未來的每一天。		

		事件經過的重點	我的情緒	對方的情緒
事件發生的過程是這樣……（也可以加上畫圖）	1 背景	人： 時： 地： 事情起因：		
	2 問題			
	3 解決			
	4 結果			
如果可以重來，我想這麼做！				
我想成為這樣的人（性格列表）				
我要提醒自己這麼做……				

★ 上述列表的語詞，都是可更動與改變的，可以依照需求重新增加及刪除。

★ 讓學生填寫「情緒自白書」時，請儘量影印成 A3 或 B4 的大小，以免造成寫字的困擾。

選舉四部曲，全班適才就任

文 彭遠芬

期中考結束，所有的幹部也服務了半學期，膩的膩、倦的倦，大部分的孩子心中都唱起了「下一個幹部也許會更好」的心聲。每個孩子都想換個新職務，對新的職務也都有蠢蠢欲動的渴望！

民主的台灣選舉熱鬧非凡，班上也來辦個「真實的」選舉活動，讓孩子更深切的體認感受「選舉」這個嚴肅且重要的公民議題。

執行步驟

首部曲 職務安排篇

1. 《我選我自己》這本充滿幽默智慧的繪本，很適合用來帶領孩子認識公民社會的第一步，除了可以帶孩子認識「選舉」這件事，引導孩子去思考了解關於國家治理、人民福利這些事情，也能進而延伸到思考「班級」這個類似的小社會，討論如何將班級管理得更好，及如何扮演好每一個幹部的角色。

2. 請孩子先在「我心目中最理想的幹部人選」學習單上寫下自己的思考：班上需要哪些幹部才能讓班級更好？這些幹部的工作內容有哪些？誰最適合擔任？為什麼？自己則有什麼樣的能力或特質，適合擔任這份工作？（使用性格特質卡）

以全班都「長」為原則，安排班級幹部及職務內容，也寫下這樣安排的思考及理由。

3. 課堂討論分享：請每位孩子說明自己的正向特質有哪些？希望擔任什麼樣的工作？

4. 再請孩子用完成的學習單，倆倆互相討論為何有這樣的安排？工作內容是否恰當？並互相提供意見。期望透過這樣的歷程，讓孩子對每份職務都有更深的認同及使命感，也能更盡心盡力、心甘情願地執行任務及扮演好自己的角色！

二部曲｜競選文宣製作篇

1. 請孩子帶家中拿到的各種競選文宣來，先請孩子分組討論文宣上呈現的內容，再和孩子討論候選人的競選招數、海報文宣設計有何特色……

2. 假想自己是候選人，會如何設計競選海報？什麼樣的內容才會吸引人，才會有人想把票投給你？

（討論過程中，孩子一心想設計自己競選海報的動機完全被激發，急著和同學討論如何呈現？每個孩子對自己的競選文宣設計都有很高的期許。）

3. 孩子在討論過程中還提到為什麼要賄選？賄選有哪些方式？如果遇到賄選該如何處理？

三部曲｜造勢拉票篇

1. **造勢大會、競選廣告錄製**：請孩子拿著自己繪製的競選文宣，上台發表競選政見，並錄製成廣告文宣，於班級社群網站播放。

2. **拉票活動**：最後催票時間，利用下課，讓孩子向同學自由拉票。並於活動結束後，討論感受，引導孩子思考台灣選舉文化的正負面現象。

終曲 投票及選舉結果省思

1. **投票：**正式選舉投票，結果出爐後，不論對結果是否滿意，每一個同學都需謝票及發表競選感言，可讓孩子運用「情緒識別卡」來協助發表。

2. **發表感言及省思：**在日記寫下選舉後的感言，寫下自己選舉後的感受。並帶孩子討論選舉後，不論是否當選，該如何展現風度？

3. **選舉小書製作：**整個班級幹部選舉過程的省思。

插曲 賄選篇

　　討論到賄選時，對於自己會不會接受賄選，孩子都很有想法，甚至有孩子在日記上凸顯自己打擊賄選的方法，還聯想到「捲葉象鼻蟲」捲樹葉替寶寶製造安全的成長搖籃的捲葉法。看四年級的孩子如何打擊賄選，超有創意，令人折服，孩子思考是非對錯的方式，有時連大人都自嘆弗如。可見，適度的激發與引導，孩子真的有無限的潛力啊！

學生作品

賄選時……

臺南市建功國小
李奕昀

賄選時，當選舉的人給我錢叫我投給他，我會先把錢收下來，假裝我會支持他的樣子，因為如果不收錢的話，那一個候選人心胸狹窄，說不定會叫人打我，所以我先把錢收了。

到了投票那一天，我會穿著緊繃的長袖，藏在裡面，到了要算票時間，工作人員一票一票的算，等到算到我那一票時，就會發現我的票挾錢。
真的拿到我那一票了，大家好驚訝！因為他們發現我的票像「捲葉象鼻蟲」捲了現金在裡面。

這時工作人員大聲的詢問：「是誰用的？」我就大聲的承認：「是我！那是候選人給我的錢，叫我投給他！」

在旁邊的警長聽到就很生氣的說：「豈有此理！把○○○抓走！」
隔天有人跟我說：「小姐，你抓到賄選的人，得到了兩千萬！」

可是我並不開心，因為雖然是讓那一個人知道自己不對，不過如果他不覺得自己做的事是錯的，那就太悲哀了！無法判斷是非對錯的話，他就毀了！

奇怪的是，如果我做了壞事，我連睡都睡不著了，難道大人就不會良心不安嗎？真的很奇怪！那一個人都不怕有人去講嗎？如果大家知道了，他該如何面對大家呢？假如是我，我雖然做錯，不管被罵還是怎麼樣，我都會好好反省的，而且會覺得很丟臉，大人應該比我們小孩知道對錯，怎麼還去做？好像比我們小孩還不如，真的好奇怪，我想來想去都想不通。

傳遞教戰手冊，
傳遞幸福

文 彭遠芬

接新班的第一次返校日，可以做什麼？

舊師生依依不捨碎碎唸，接著把孩子帶到新的班，新師生相見歡後，除了忙著打掃、提醒叮嚀暑假作業進度是否落後太多、處理學校交辦事項、重新編班的學生互相認識外，還可以做些什麼？

點名？安排座位？發放學校的資料？發「給家長的一封信」？填寫家長學生聯絡方式？交代開學事項？訓練學生基本禮儀……提早備戰，準備開學的狀態看來中規中矩，但好像少了那麼一點兒人味兒。

或者，訴諸溫情，來一段文情並茂，營造「一家人」氛圍的自我介紹，拉近師生距離，然後再讓孩子了解班級經營的方式，會好一些？

「孩子的心，孩子最懂；孩子的苦，孩子最了！」因此，如果返校日當天的師生相見歡活動，改由同是孩子，更貼近的學長姊來協助完成，孩子們一定會爽快地大聲唱出「其實你最懂我的心」！

先請學長姊將兩年來對原班老師的了解，製作成一本【給彭老師教的幸

福學習教戰手冊】，送給學弟妹當做壓「桌」寶，用來時時「叮嚀砥礪」自己，再讓學長姊拿著這本【教戰手冊】來做解說，帶學弟妹認識新老師的「特質」、「了解」新老師的班級經營方式、教學風格與常規要求外，也「傳授」如何儘快「適應」新老師的「眉眉角角」，讓對一切還很陌生彷徨的新班學生，因此有了安定感，縮短彼此的熟悉摸索期，師生就能快快深入了解和信任，及早建立良好的互動關係。

當然，這樣「一兼二顧，摸蜊仔兼洗褲」的做法，肯定有利「友善校園」的推動啊！因為透過這樣的交流互動，學弟妹感受到了學長姊的愛，在建立了「亦師亦友，情比手足」的良好關係後，校園有愛，霸凌自然會減少。

執行步驟

發下【進新班的幸福學習教戰手冊】小書製作引導思考（如學習單 p.104）

♡ 貼心小叮嚀：

1. 小書製作最好的時機在學期末，可配合【期末評語，自評、互評、老師評，大家一起來！】活動最佳，順便就自己這兩年來的學習和適應情況做一個省思。
2. 如果期末時間不夠，以上活動也可當做暑假作業或利用暑期課輔或七月的返校日來完成。
3. 於最後一個返校日，交給學弟妹，不但時機恰當，更可當做返校日最好的活動，也可增進同儕間的情誼，效果奇佳喔！

進新班的幸福學習教戰手冊

對老師的了解（是什麼？）			貼性格卡	
1. 一開始給彭老師教，感覺……後來…… 2.彭老師是一個什麼樣的人？（性格卡） 3.只要你做到以下幾件事，你就會……			老師性格	希望學生展現的性格

彭老師對學生的要求有哪些？（怎麼樣）		品格	學業		
	要求（條列式說明）	1. 生理：整潔、儀容…… 2.心理：態度、禮貌、行為、品格……	1. 繳交作業方面？ 2.上課態度？ 3.國語重視哪些方面？（寫字、閱讀、寫作……） 4.數學？ 5.作業指派特色？		
	怎麼做最好？				

結果	1. 如果不理彭老師的要求……，會有什麼「下場」？ 2.如果你做到，就會學到或得到什麼？能力會變得如何？又會得到哪些收穫？
迴響	給彭老師教了兩年，我從老師身上學到哪些能力？有什麼收穫？

客製見面禮，師生互動好

文 彭遠芬

每個學生在每一個年段就得換一次導師，老師縱然萬般不捨，但依舊得放手，而孩子在面對新老師時，心情自是忐忑緊張的。每次換老師，不論是對孩子或老師來說都是一個新的適應，除了孩子要適應新老師的教學風格與常規要求外，老師也在摸索不同孩子的性格以及互動方式。

因此，若老師能在孩子一進到新班時，即掌握孩子的性格特質和學習狀況，縮短彼此的熟悉摸索期，及早建立良好的互動關係，那麼教學也一定能儘速輕鬆地上軌道，學習效果一定會加倍的。所以，利用學期末，讓孩子用信封小書的方式，製作一份【給新老師的見面禮——履歷自傳小書】，在一開學時送給新老師當做見面禮，開啟良好的師生關係。

對孩子來說，這樣的回顧過程，一方面讓孩子就這兩年來的學習與成長做檢討與省思；另一方面可以藉此好好地建構自我的認知。透過撰寫自我介紹的過程，好好整理自己生命經驗，了解自己的優點與不足，思考自己的生命方向。

由衷期盼期望孩子們飛得更高更遠、更順暢，一起和新老師享受最美的教學風景！

執行步驟｜製作【給新老師一份見面禮——履歷自傳小書】的引導思考過程如下：

一 「為什麼」要給新老師一份自我介紹？

  1. 因為對新老師有什麼期待？有什麼擔心？為什麼？(S：怕很凶、怕被罵、怕不被了解、被誤會……)

  2. 可以怎麼做才不會讓新老師留下不好的印象？（乖一點、不要搗蛋……讓新老師了解自己。）

  3. 這麼做目的是什麼？（快快互相認識、適應相處。）

  4. 用什麼方式讓新老師了解自己？（像找工作寫履歷表，給新老師「見面禮」。）

  5. 履歷表、自傳的功用？（可提供幾米的《履歷表》一書供學生參考）用

  6. 什麼方式呈現最佳？（有圖有文、趣味）

二 「怎麼樣」把自己介紹給新老師，讓新老師對你留下好印象？

  怎麼介紹自己？可以從哪些方向來介紹自己？各有哪些向度？

  1. **生理我部分**：外表、長相、特長……（眼睛看得到的）

  2. **心理我部分**：興趣、性格（隱藏的，用「性格特質列表」來舉例說明）

  3. **社會我部分**：家庭成長背景、職業（幹部、專長）、得獎紀錄、志願

  4. **優缺點反省**：老師常常讚美我……

  5. **學習省思**：這幾年，我學到……我需要改進……我希望自己……

三 這麼做的原因是希望得到什麼結果和迴響？

  1. 這麼做後希望如何？（希望以最短時間、最好方式、最有效果的學習成長，一步一步向前邁進。）

  2. 對新老師有什麼期待？希望新老師怎麼幫助你？一定要仔仔細細寫下來喔！

四 完成「信封小書」製作：

請參考王淑芬老師的著作《一張紙做一本書》

：作者 / 王淑芬
・出版 / 親子天下

1. 小書製作的好時機在期末，可配合【期末評語，自評、互評、老師評，大家一起來！】活動最佳，但因期末時間不夠，因此以上活動是利用暑期課輔來完成的，如果一樣有時間不夠的問題，當做暑假作業也是不錯的方式。

2. 如果也是接新班的新老師，一開學沒能接到這樣的見面禮，那麼新老師就自己請新學生送一份【見面禮】給自己吧！這會是一開學最有意思、最有意義，也最實質的活動喔！還可以請學生拿著【履歷自傳小書】進行別開生面的面試活動喔！

3. 作品完成後的拍照，可請孩子找出自己的性格卡片，一起拍照喔！（尋找過程其實就是在對自己的特質做評價反省與肯定接納了！）

適時拂拭，
勤練收心操

⋯⋯• 期中卡關

文 彭遠芬

　　距離開學剛好滿月，一早改著孩子的數學習作，我發現已數次叮嚀摺起部分要訂正的孩子，依舊置若罔聞，新的作業也草率為之；不是作答不完整，要不筆跡若有似無，彷若風中殘燭，看得出書寫時的態度和行為，十分敷衍不負責！

　　頓時微慍，其實，孩子至今需要修正的行為，不只這項課業行為，在生活常規上，也有許多需要再修正練習之處；但不可諱言的是，其實，一個月來，我也看到孩子一直在努力進步的地方、值得嘉許之處也不少，光生悶氣，對事情不但沒有幫助，孩子恐怕仍舊不知其然，更不知所以然；不如化「悲憤」為力量，帶著孩子透過討論反省，並運用情緒及性格雙卡，好好來檢討省思，徹底檢視自己一個月來的成長與限制吧！

執行步驟

一 聊聊這一個月來自己表現進步的部分？在孩子說出想法後，帶孩子思考可
　 以分哪些方面來說明？
　 （孩子表示可以分為「功課學業」及「生活行為常規」兩大類），將孩子
　 的想法分類列表呈現。

二 接著聊聊開學至今，從這兩個向度來看，有哪些地方自己的表現還不夠理想，需要再做改進？

三 運用雙卡及便利貼：請學生先將理由想法寫在便利貼上，然後再貼在卡片上；一則方便討論時有依據，不會一時說不出話來；再則，如下課時仍有未竟之討論，可以讓學生根據「便利貼」上的紀錄，繼續進行討論分享。

1. 運用「性格特質卡」，說說是因為自己有什麼樣的性格，讓自己可以一直「進步」？又因為什麼樣的性格，導致自己還有許多無法改進之處？還需加強？原因理由為何？

2. 運用「情緒識別卡」，說說面對「愈來愈進步」的自己和「還需要改進」的自己時，會出現什麼樣的情緒？這樣的情緒給你什麼樣的感受？原因理由為何？

四 發下空白紙，用表格呈現個人【開學一個月來的反省檢討】省思歷程，再一次就個人學習情形梳理記錄，做為未來進步的參考。

撥開品格的迷霧森林，
發現自己的光和影

文 溫美玉

一到學期末，老師們就要忙著打成績、寫評語。只是一堆等第符號的成績，渺渺茫茫，空空洞洞，少了細節，沒有溫度，於是，老師的評語成了重要的輔助與說明。

小小的篇幅之內，老師們不僅想要惕勵也想給予讚賞，然而礙於字數限制實在很難寫得充分圓滿，最終，大多選擇正向鼓勵來終結這件事。畢竟，白紙黑字，誰知道我們有沒有太多的偏見或主觀意識，會不會讓這些字句傷了孩子幼小的心靈，或者，搞不好學生來日功成名就，就拿著他過往成績單的評語，大放厥詞，控訴老師的偏見與成見。

不想將孩子的行為缺失訴諸成績單，除了上述的理由，更重要的是我不喜歡他人的針砭、嘮叨，同理，我覺得每個人要認清自己，最理想的境界是要有自知，哪裡做錯，哪裡需要改善，當然，很棒的事情也要牢牢記住，大聲給自己讚美與打氣，毋須感到不好意思。

執行步驟
一 示範優缺點的層級差別
師生間有了「行為」、「品格」得要自己探索、面對的共識，老師就要思

考，怎麼讓孩子輕而易舉地進入「迷霧森林」般的品格世界，揪出自己的優點與缺點，並且分出等級與輕重。

我任教低年級時，為了要讓孩子建立「好品格監控系統」，曾經將我們的行為分幾個等級：

缺一：沒把自己該做的事情做好
缺二：行為影響自己和團體（例：班級、家人等）
缺三：做出讓團體不光榮（丟臉）的事
優一：把自己的事做完、做對、做好
優二：自己做好，還能幫助他人與團體
優三：因為你的表現榮耀團體

缺一：早餐帶來學校，結果貪玩不吃是自己的事，雖然對自己的身體不好，卻不影響他人。
缺二：早餐不吃放在教室發酸發臭，這就影響他人與團體了。
缺三：導護老師發現，進到班級勸告，結果竟然對老師說：「要你管！」導護老師在朝會向全校報告這件事，指出班級說「○○班同學，不吃早餐……」，因為你的行為，讓全班連帶遭受不名譽的牽累。
優一：喜歡跑步，上體育課也都按老師規定跑完指定的距離，身體很健康。
優二：校慶運動會前，協助老師指導同學跑步技巧，受到大家肯定與感謝。
優三：校慶運動會個人 100 公尺，得到冠軍上台領獎，司儀大聲唱名：「○○班○○同學……」，因為個人的優異表現，讓班級增添光彩與榮耀。

二 全班一起寫——連老師也不例外

這件工作最有意思的是，連我和實習老師智琪也一起寫，寫著寫著，竟也寫上癮了，而且還發現這樣的省思真的能照見本心。在新的一年，自己跟自己對話，完全毋須造假，也感到無比安全，因為，自己是最能無條件包容自己，也絕對是對自己最慈悲與溫暖的。寫下的每一個字，都曾在心頭徘徊許久，終於有機會面世，好奇妙的歷程啊！

三 成績單自評「心得」追追追

做了不一樣的事，自然有不同的感受與刺激，也就是說，有落差的事情絕對是寫作的好題材，更何況時時自省才是人生進步的基石，所以，一早到校的早自習，正好讓孩子共同寫下昨晚執行的歷程與想法。

原本只是請孩子簡單寫寫，沒想到不少寫作力大爆發的孩子，一動筆就停不下來，一張張稿紙接著要。彼時考完試，外界喧囂擾嚷，而我們能在一方斗室享受自省的正面能量，還能檢視一學期在閱讀寫作上投入心力後的成果。外頭連日雨後冬陽乍現，揮別陰雨冷冽，迎來一室暖暖的冬，在溫馨又別具意義的期末時光，師生共同為學期劃下的不僅是句號，更是華美璀璨的驚嘆號。

老師心得

臺南市南大附小
智琪老師

　　以這份「迷霧森林」作業做為孩子一學期的自我檢核成績單，我覺得意義非比尋常。因為一學期就這樣過了，有時候某些事情沒有這樣反過來咀嚼，可能就過去了，然後人生繼續往前走，一個人也不會對自己的行為有什麼發現與醒悟。這份成績單讓我們靜下來，回想整學期的自己，可能做了值得自己驕傲的事，也做了不太好的行為，「驕傲」與「不太好」的準則是什麼？這張學習單讓我們從「團體」的角度思考，去體認這麼做，對團體有什麼影響？這讓我們跳脫了以往常有的自我中心思維。有時我們只想到理由「因為我當時……所以也沒辦法。」溫老師不讓人因找藉口而忘記認清自己，我覺得這是訓練孩子對自己行為負責的極佳方式。

　　缺一到優三的表格非常清楚明確，孩子學習自我評估某個行為所處的位置，練習從「群體」為單位評估自己的行為，也做為日後修正行為的借鏡工具，因此這張學習單有無限的可能，不只今年寫一寫就好，之後孩子隨時可以回頭看，我還有做缺二缺三嗎？還有沒有繼續保持優二？甚至每一年都寫一張，讓孩子看到自己有哪些的進步與繼續改善的地方。

　　我自己在寫這份作業的過程，心境似乎也跟著事件起伏，很多缺二缺三都是不想再回頭好好思考的事，但把它真正寫出來後，我對自己的想法更具體明白，這真是一種面對問題的好方式；而優一優二優三，可能包含了我的價值觀（我認為一定要做好回收、環境整潔，不造成他人麻煩），我會更了解自己重視、在乎什麼？寫著寫著，我似乎更認識自己了！回顧自己一學期以來所有面向的表現與情緒，我誠實的面對了我自己，接受曾經犯錯的自己，欣賞了曾經做好事的自己，這樣真誠的面對讓人感覺如此的踏實。

　　每個人在思考這份作業的過程，也可能發現自己的思維模式，是想到壞的多，還是想到好的多？我自己的話，缺一缺二想了一大堆，優點部分卻擠了好久都沒有想法，想想看這個思維背後所代表的意義，或許我不習慣放大自己的優點，只習慣不斷鞭笞、指責自己做不好的地方，也難怪以

前的我總找不到讓自己感到自豪之處。在硬擠出優一優二優三的過程，我覺得也是讓像我一樣沒自信的孩子肯定自己的機會，因為表格就是那麼多，不可能只寫缺點，因此這樣的孩子也會有機會去挖掘自己未留意與未發現的閃亮經驗。看到其實自己的行為也有替人著想的地方，有意無意的就會重新檢視自己：「原來我比自己想像的要好一點點。」這何嘗不是一個人對自我概念正強化的過程呢？另外，缺一缺二缺三很多往往是一個人帶著很多年，卻難以改變的課題，將自己的課題如實的呈現在表格，可以不斷自我提醒，或許別人看到了，也能給你一些如何修正上的建議，這也是朝著破除缺一缺二缺三行為的途徑。

總括而言，這份學習單是最真實且最精采的人生回顧單，大部分的人不會這樣有條理的回顧自己的某一段人生，這個學習單給了我們如此難得的機會，不論對象是學生還是八十老翁，都能在此受益良多，這人生的成績單的威力，可不比學校發的成績單遜色呀！

學生心得

臺南市南大附小
三己　唐奕安

經過這張成績單，我更了解老師是怎麼記錄成績單的，溫老師讓我們評論這學期我們做過什麼事，這張成績單讓我清醒了，我像一隻小鳥回到過去，看到過去的我，寫完時，我又從過去飛回來，當媽媽看到時，她說：「可以坦白自己的過去，溫老師真厲害呀！」

我非常滿意自己做的成績單，它讓我想起過去自己做了什麼事，它就像寶物一樣，它就是我的「坦白單」，讓我重新做個人，它會永遠在我心裡，我會好好愛惜它，我真的很感謝溫老師。

我會用它來幫助大家，因為它是最會讓人信任的，它就像大家的守護神，永遠看著我們，它會是以後的幫手，把壞人叫醒來，教他（她）人生不是拿來做不好的人，上帝要把你生出來是因為你是重要的，我相信被它

教的人都可以東山再起，我相信世上所有人的頭腦裡都有它，它會把出生、青年……不管是誰，它都會說出那個道理，因為，它是最會助人的。

溫老師就跟我的成績單一樣，她為台灣爭取榮譽，她會教我們人生理念，她真的是名師嗎？是的。她可以拯救世界，她可以把「人」教會，她生出來是要幫助，上帝生她是要把世界挽救回來，她是現在我們的老師，她教我們真理，她是最好的。

自從被她教，我可以告訴自己一個道理：人生是生來幫助，不是來玩的。溫老師從不會把人不看在眼裡，她去各地教學，每個人都想被她教，她不會放棄任何一個人，讓人感到很安心。我，會讓溫美玉老師放心的，因為我生來也是要幫助挽救大家的。

從現在起，我要開始加油，我要用功讀書，不能讓家人失望，因為我之後想當總統，我要給溫美玉老師一個好面子去天堂見上帝，我想上帝應該很謝謝她。溫美玉老師在天上一定有很多收穫，她可以當上帝的祕書，觀察我們做什麼事。我的成績單是小祕書，她可以幫助溫美玉老師查看我們，溫老師派它去幫壞人，壞人因此可以東山再起，我走了之後，一定可以跟老師一起幫助大家，因為，人生是場馬拉松，一開始不要跑太快，走了之後只是停了。

溫美玉老師很厲害的，被她教到的就是光，為大家爭取最好的一面！她就是溫老師，成績單小祕書也會幫我們。

Part 4

教學基本功

困難文體怎麼教

雙卡是教學上的巧妙「助燃劑」，能扮演關鍵的「臨門一腳」。豐富的語彙幫助學生更能發揮，且手腳眼心腦同時並用。

穿越時空，
成為大詩人的貴人

。唐詩

文 溫美玉

教學材料 | **選自六下翰林版國語課本〈江村〉**

清江一曲抱村流，長夏江村事事幽。

自去自來梁上燕，相親相近水中鷗。

老妻畫紙為棋局，稚子敲針作釣鉤。

但有故人供祿米，微軀此外更何求？

教學亮點

　　讀多了杜甫國仇家恨的詩作，其忠貞愛國的形象已深植人心，〈江村〉這首詩正好讓年輕學童從另一個角度認識杜甫，少了悲天憫人的壯闊胸懷，卻添了閒情逸致與溫馨孺慕的甜美，這樣的杜甫親民多了。

　　整首詩在我看來最重要的字（詩眼）是「求」。

　　杜甫一生傲骨事事都不想「求」人，但我們都知道，若非眾多賞識他的人的協助，特別是晚年時只能倚賴朋友救濟而活命，後人大概也無緣欣賞到他才華洋溢如史詩般澎湃的文學著作。

　　但，這首詩的「求」卻讓人感受到一股正義、傲骨、才華、感恩、關懷、

溫暖、愉悅與幸福，這施與受之間，沒有利益輸送或者工於心計的算計，只有世人對才子與愛國志士的推崇景仰與疼惜之情，還有杜甫受人恩惠時的謙卑惜福與感恩幸福。

這麼溫暖的感動，詩人杜甫精心剪裁，只選取了燕子、白鷗、老妻和稚子做為描寫的對象，燕子的自在，白鷗的自得，彷彿杜甫一生身處亂世，心境卻能因朋友的邀約，得以稍稍轉化與喘息；而老妻笨拙地畫起棋盤的樸實狀，必令杜甫有突然感覺回到「凡間」的驚喜；再加上不解世事的孩子認真的製作釣勾的可愛模樣，此刻杜甫怎能不感恩？若非他人給予的恩惠，恐怕就要忘記一般市井小民的家庭生活情趣了。

時運不佳時不需卑躬屈膝的搖尾乞憐，權力在握也不曾顯得高高在上的施捨分食，兩方用慈悲與尊重做為橋梁來「牽成」，整首詩裡沒有誰感到委屈或高人一等，於是，〈江村〉成就了歷史上一段美麗的佳話，讓後人能夠學習仿效與惕勵。

讀完此詩，深刻感受到即使在一生中最落魄潦倒之時，別怕，一定有無數溫暖又堅強的手會做你的後盾，當然，前提是，你值得！

教學步驟│深度閱讀

讀懂一首詩，對大人而言，可以運用自己的人生經驗，也就是用心境去類比和領悟，但對年幼的學生可能就不能如此簡化了。還好，運用情緒、性格雙卡和手邊蒐集的資料，再透過教學設計的問題、活動，有了這些精心搭製的橋梁，應該就能減少閱讀的障礙，拉近學生與作家之間的距離。

1. 這是什麼季節，有哪些景色、景物，杜甫用哪些文字表達的呢？

2. 請用四格漫畫把整首詩表現出來。（建議用 A3 或四開圖畫紙）

3. 〈江村〉這樣的景色你喜歡嗎？你還能想到再添加哪些景物、景色？請再補充二或三種景物。

4. 到達這裡之前，杜甫家人為躲避戰亂，過了四年居無定所的日子，請用情緒卡點出當時家人的情緒。

   請把上述的事件，用文學想像＋對話變成一小段劇本，然後讓小組演戲分享。（如學習單 p.122）

5. 「老妻畫紙為棋局，稚子敲針作釣鉤」，想想，寫下這兩句的杜甫，是看到了什麼樣的情景有感而發？也請把他當時的情緒寫下來。

   參考「情緒列表」p.206

6. 「但有故人供祿米，微軀此外更何求？」這個「求」字，對杜甫而言，是怎樣的心態與姿態？為什麼你會這麼解釋？如果用「性格」和「情緒」列表，你會選哪些語詞來對應？

7. 如果是你，你會跟杜甫一樣，有這樣的情緒反應嗎？為什麼？

8. 從杜甫的這首詞中，你認為杜甫在朋友眼中是一個什麼樣的人？為什麼呢？

9. 你覺得收留杜甫一家人的朋友，又是什麼樣的人？為什麼？

   參考「性格列表」p.207

創意寫作教學

　　杜甫出眾的文學才能，給人們留下深刻的印象，但一生飽經離亂之苦，如果你是他的當代友人，一定也希望在能力範圍內，照護這位在文學與政壇上都具影響力的人。但是，要如何讓杜甫家人感覺是尊重，而不是「不食嗟來食」（引伸別人施捨食物時帶著傲慢、瞧不起人的給與），又能讓杜甫感覺到這樣的一封信真是「雪中送炭」，內心不僅充滿被知音理解的感動，還有

人間處處有溫暖的感恩。所以,這封信扮演舉足輕重角色啊!

　　當然,接受後住上一段時日的杜甫應該也有許多感謝的話想說,這封信又該如何表達心中滿滿的感動呢?記得,這兩封信的每一段,都可以用上情緒、性格列表來協助思考與表白。

　　另外,這兩封信,可以由全班各一半的同學扮演,一組是友人組,另一組則是杜甫組,收到前者邀請信,再請後者來回信。

♥ 愛的小叮嚀 1 ——友人邀請杜甫的一封信

1. **起因**:為什麼要寫這封信?
2. **同理心**:沒有人是一帆風順,更何況你是因為憂國憂民,為民喉舌,才導致經濟情況不佳
3. **拉近關係**:談及兩人朋友關係,要杜甫不用心裡有負擔
4. **提供誘因**:家庭需要、環境清幽適合寫作
5. **真心相對**:誠摯地邀請與期盼

♥ 愛的小叮嚀 2——杜甫感謝好友的一封信

1. 先致上最誠摯的感恩
2. 住在朋友提供的住所的發現與所做的事情
3. 對環境的描述與讚嘆
4. 對朋友的義行提出看法與讚賞
5. 杜甫能想到的回報(假裝你是杜甫,你想回報一個特別的禮物,或是用獨特的方式回報友人)

杜甫〈江村〉小劇本

杜甫〈江村〉詩句	圖像描繪要包含：1. 景色 2. 物體 3. 色彩 4. 人物情緒反應 5. 人物做的事情 6. 表情 7. 角色間的對話
清江一曲抱村流， 長夏江村事事幽。	
自去自來梁上燕， 相親相近水中鷗。	
老妻畫紙為棋局， 稚子敲針作釣鉤。	
但有故人供祿米， 微軀此外更何求？	

開立處方箋，
預約成功人生

● 議論文

文 溫美玉

教學材料｜選自六上南一版國語課本〈議論文主題單元——機智過人〉

一 學習父親

　　蕭伯納是舉世聞名的愛爾蘭劇作家，曾獲得諾貝爾文學獎。他不但劇本寫得好，而且言談十分風趣，被世人稱譽為「幽默大師」。

　　有一天，蕭伯納去參加一個盛大的晚會。當大家談得正開心的時候，突然有個穿著講究的年輕人，很不客氣的對蕭伯納說：「聽說你父親是做裁縫的，是不是？」

　　年輕人說得很大聲，這時全場鴉雀無聲，所有賓客的眼光都集中在蕭伯納臉上。年輕人露出得意的笑容，他想：這次蕭伯納一定會羞愧得無地自容。

　　沒想到，蕭伯納面帶微笑的說：「一點也沒錯，我是裁縫師的兒子。」

　　年輕人緊接著又問：「那你為什麼不去學裁縫呢？」

　　這時候，全場的賓客都為蕭伯納感到緊張，蕭伯納不但不生氣，反而笑著問那年輕人：「聽說你父親是一位很有禮貌的紳士，是嗎？」

　　年輕人神氣的說：「是的，你說對了。」

　　蕭伯納又笑了，然後，一個字一個字慢慢的說：

　　「那為什麼你不學學你父親呢？」

二 晏子「等級不同」

晏子是齊國的宰相。他雖然長得矮小，卻聰明機智、能言善辯，是春秋時代有名的外交官。

有一次，晏子到楚國拜見楚靈王。進了王宮，楚王看晏子長得其貌不揚，非常不客氣的問他：「齊國難道沒有人了嗎？」

晏子從容不迫的回答：「在齊國的都城中，行人來來往往，他們一張開衣袖，就可以擋住陽光；他們一揮汗，就如下雨一般，怎麼會沒有人！」

楚王聽了，故意露出驚訝的表情說：「齊國既然有人，為什麼會派你這樣的人來當使臣呢？」

面對楚王的嘲笑，晏子卻不慌不忙的回答：「大王，齊國派使臣是有原則的，賢德的人朝見賢德的君王，無德的人朝見無德的君王，像我這樣無德的人，就被派到楚國來了。」

楚王一聽，頓時啞口無言，不得不佩服晏子的機智。

三 「石」比較硬

石延年是宋朝著名詩人，他除了喜歡讀書作詩外，還喜歡和朋友一起飲酒、聊天。他生性幽默，常說出詼諧的話語，讓大家聽了捧腹大笑。

有一天，他和一群人約好到報寧寺去遊覽。當天天氣不錯，遊客不少，石延年坐在馬背上，只顧著欣賞眼前的景色，沒想到馬夫一個不注意，讓馬受到驚嚇而揚起前蹄，石延年來不及反應，就從馬背上摔了下來，跌坐在地上。

路人看見這個情形，都在一旁圍觀，馬夫嚇壞了，趕緊過去扶石延年起來，忐忑不安的想：萬一摔出個什麼毛病，自己不但會被責備，說不定要賠償一大筆醫藥費呢！

石延年拍了拍衣裳，在馬夫的扶助下，慢慢的重新坐上馬背，笑著對他說：「你可真是幸運啊！還好今天坐在馬背上的是我這位『石』學士，

若是換成『瓦』學士，這一摔，不就摔碎了！」

　　石延年的一席話，逗得眾人哈哈大笑，原本神色慌張的馬夫也鬆了一口氣。在笑聲中，一行人又繼續往報寧寺前進。

教材分析

　　你知道嗎？其實國語課文大多在引導我們如何走上人生的康莊大道，認真去思考也覺得都說得很有道理，可是，學生能理解嗎？又能去實踐嗎？這是很實際卻也是直指核心，師長們不得不去面對的課題。

　　為了不辜負這些好材料，老師勢必要能引發學生主動學習與探索的動機，因此，該如何設計一堂充滿智慧正向，卻又不流於八股說教的成功人生課程呢？

教學步驟

一 列出成功人生應該具備哪些條件？還可以請學生繼續補充。

1. 健康的身體和充沛的精力
2. 吃苦耐勞，吃得苦中苦，願意比別人多付出
3. 珍惜時間，提高工作效率，不會拖拖拉拉，今日事今日畢
4. 良好的口才，不需滔滔不絕，卻能舉一反三或展現幽默、機智
5. 不斷學習和思考，不斷總結正反兩方的經驗和教訓，不斷改進工作的方式
6. 敏銳的觀察力和洞察力
7. 樂觀的態度，熱愛生活，不怨天尤人，內心總是充滿正面能量
8. 嚴以律己。克服生活、學習和工作中的惰性
9. 從最感興趣的或最擅長的事做起
10. 會處理人際關係，與人合作講究誠信與責任

11. 保持主動、創造、創新與好奇的精神與信念

12. 處理危機與複雜場面的能力

13. 對社會與人群保持正向關懷的態度與習慣

二 提供學習單

六上選錄的 課文名稱	課文重點摘要 與學習重點	從中看見的 正向（負向） 情緒與性格	求診病患的 病灶（實例）	醫生的處方箋
鷸蚌相爭	1. 相互妥協讓步 2. 樂觀看待事情 3. 提防第三者			
晏子 「等級不同」				
「石」比較硬				
理直氣和— 劉墉				
如何說話				
築夢踏實— 李安				
成功的背後				

創意寫作教學

 作文題目：邁向成功人生的特約醫院

什麼樣的人生是成功的？你曾經想過嗎？如果你有機會開一間專教人們如何讓人生和諧又成功的醫院，你會怎麼經營呢？

1. 簡介這家醫院外型、特色，當然，更重要的是「專治失敗」。
2. 醫院的候診室及掛號程序是如何？有什麼特別的接待服務？
3. 醫生的裝扮與一般看病的醫生有何不同？為什麼要這麼精心打扮？說話的口氣？專業程度？
4. 請舉 3-4 個真實的「看診」實例，內容包括：
   ・求診者的背景（症狀）：自我介紹（例如：已經換了一百多項工作，沒有耐心，缺乏鬥志……）
   ・醫生對求診者的提問及聆聽
   ・求診者希望改善的狀態
   ・醫生的處方箋及如何服用的指示與說明（例如：服用「築夢踏實」這帖藥。藥效 1……2……3……。服用方式：1……2……3……）
5. 求診者的失敗案例說明（為什麼藥效不靈的原因）
6. 成功者的實證說明與感謝
7. 醫生給所有人的悄悄話

古典不說教，還入夢中來

● 古文

文 林怡君

教學材料｜選自六上康軒版國語課本〈朱子治家格言選〉

一、一粥一飯，當思來處不易；半絲半縷，恆念物力維艱。

二、宜未雨而綢繆，毋臨渴而掘井。

三、器具質而潔，瓦缶勝金玉。飲食約而精，園蔬勝珍饈。

四、施惠勿念，受恩莫忘。凡事當留餘地，得意不宜再往。

五、人有喜慶，不可生妒忌心。人有禍患，不可生喜幸心。

教學亮點

　　教孩子古文或詩詞，不僅是希望孩子能夠領悟其中的美麗與奧妙，更希望透過學習，改變孩子的行為。例如〈朱子治家格言選〉的五則治家格言，就是用來教育後代子孫，希望子孫們記取祖先智慧與教誨，讓良好的德行可以代代相傳，達到修身、齊家的目的。那麼，該如何教得有新意？怎樣才能讓孩子愛上硬梆梆的古文？試試運用「性格發展卡」，來一趟深度理解與轉述故事之旅吧！

教學步驟

一 預測：讓孩子先猜測這五則治家格言是什麼意思？再對照課本裡的翻譯。

二 討論：請孩子說一說，這五則治家格言到底在闡述什麼？是要我們學習怎

樣的道理？

三 反思：是怎麼樣「性格」的人會無法做到這些格言的要求？請將「性格特質卡」放在表格裡，並舉例說明他們會出現怎樣的行為？

朱子治家格言	運用「性格發展卡」，想一想什麼樣個性的人，無法做到這一點？	表現出來的行為是如何？

此時，孩子馬上想到：像「草率」的人——就會很容易浪費東西，就是沒有做到「半絲半縷，恆念物力維艱」；像「懶散」的人——就會考試之前才在讀書，就是沒有做到「毋臨渴而掘井」。

孩子也立刻發現到，性格卡裡的語詞是「一組一組相對應」的，例如「冷酷」和「慈悲」互為反義詞，於是，剛好可以讓孩子去對照，如果你是一位個性「冷酷」的人，那麼你就會「人有喜慶，而生妒忌心。人有禍患而生喜幸心」；相反的，當你是一位個性「慈悲」的人，那麼你反而會「人有喜慶，不生妒忌心。人有禍患，不生喜幸心」。就像對班上成績好的學生，你是否嫉妒呢？自己的性格是正向還是負向呢？

如此一來，彷彿古典文學就在生活裡，孩子們不再覺得古人說的話是八股、無趣的，反而覺得生活中處處有老祖先的智慧，願意重新檢視自己的行為。而當「古典其實並不遠」的時候，孩子就容易和它產生共鳴了。

創意寫作教學

📖 作文題目：朱公託夢

• 寫作思考

　　如果你是朱柏廬，看到你的後代子孫沒有信守你的治家格言，如此的大逆不道，你是不是很想從棺材裡跳出來好好臭罵他一頓呢？所以，各位「朱公」，該是你好好跟你的子孫們說教的時候了。

• 寫作引導綱要

1. 先設想一位主角，他是朱家的後代子孫，利用所挑的性格發展卡，自我介紹一下。
2. 在某個情境下進入夢中。
3. 祖先朱柏廬出現在主角夢中，祖先朱柏廬看到子孫犯了某個情形的錯，開始提醒他忘記了哪個道理，應該要怎麼做才對，於是兩人開始對話。
4. 如果主角不這麼做，這個「朱公」又打算對付他？
5. 主角驚醒之後，打算改過自新還是繼續犯錯呢？從此以後主角又會變得如何？

學生作品

朱公託夢

> 嘉義縣蒜頭國小
> 六甲　　李晨右

　　大家好，我是朱拍廬的第八十六代子孫——朱圓髒，我自己住在台北，是一位普通的上班族，目前單身，是個看到蟑螂就尖叫的膽小鬼。

　　今天下班後，我就馬上去排隊買最新的「哀鳳6」手機，排了三個小時還差點買不到，回到家後吃了一碗泡麵，沖個澡就躺在床上呼呼大睡。

　　突然「砰！」的一聲，我不知道是誰把我推下床的，把眼睛睜開後，看到一位老阿公站在我面前。

　　「哩這累死囝仔！趕緊起來！」老阿公生氣的說（台語）。

　　「你是誰！為什麼在我家？」

　　「我就是你曾曾曾曾曾……祖父啦！也就是朱拍廬，」老阿公得意的說。

　　「蝦毀！所以你是《朱子治家格言》的作者，也就是朱拍廬！」我驚訝的說。

　　「這我剛不是說過了嗎？啊！對了，我得好好教訓你！」朱公一說完，手指一揮，變出一本書，上面寫著《朱子治家格言》，朱公把書翻開。

　　「相信這本書你只看過，沒有翻過，那我來唸兩句給你聽聽。第一句『一粥一飯，當思來處不易。半絲半縷，恆念物力維艱。』第二句『器具質而潔，瓦缶勝金玉。飲食約而精，園蔬勝珍饈。』第一句是在說物品得來不易，要好好珍惜，像你上次買了麥當勞的套餐，結果卻說你在減肥，所以吃一半就丟掉了，一想到就想重重的賞你巴掌！第二句就是在說物品可以用就好，所以你不要有新東西就買，一想到你的手機明明還能用，你卻跑去買新的，就想狠狠的扁你！這本書在你的老家，你一定要去拿回來讀！知道嗎？」朱公嘮叨了一大段。

　　起床後，我馬上搭高鐵到嘉義的老家，拿出那本《朱子治家格言》來看。待我背完《朱子治家格言》後，變得很有教養，還結婚生子了呢！

國王不穿衣，
透視人性的弱點

····● 新詩

文 李郁璇

教學材料│選自二上康軒版國語課本〈國王的新衣〉

胖胖國王愛漂亮，每天要穿新衣裳。

大個子、小個子，要為國王做衣裳。

兩個人，天天忙，要做特別的衣裳。

大個子說：我們的衣裳，一針一線不簡單！

小個子說：我們的衣裳，聰明的人才看得見！

大臣看不到衣裳，不敢說出口。

國王沒看到東西，心裡好慌張。

兩人只好點點頭，口中一直說好棒！

國王歡喜穿新衣，開開心心走在大街上。

滿街的人拍拍手，都說衣裳真漂亮，滿街的人點點頭，都說衣裳美麗
又大方。

只有一個小朋友，張大雙眼看哪看，左思右想大聲問：國王明明沒穿
衣，大家怎麼看不見？

國王明明沒穿衣，怎麼大家沒看見？

教學亮點

　　這一課是由安徒生童話〈國王的新衣〉所改編成的新詩，但仍不脫離故事體的結構。故事中國王、大個子、小個子與大臣們之間的內心戲，非常值得在課文深究時與孩子做討論。尤其，為什麼國王明明就沒有穿衣服，每個人卻欺騙別人也欺騙自己？

　　這一課的主題可以在「誠實」做詮釋，但文章鋪陳最多的是主角（國王）與反派角色（裁縫師）的互動，更值得玩味。害怕說實話的原因很多，國王和臣子除了害怕自己是笨蛋之外，更擔心別人是如何看待他。若能帶著學生去思考這人性的弱點，也是教學的另一處亮點。再者，我們將學生的視野提高，試問一位好國王應該具備什麼優點？一位好臣子又該有什麼樣子的作為？當大個子、小個子為自己所做的壞事說出一番道理時，背後的想法又是什麼？當學生了解故事的脈絡緣由，也知道什麼行為才算是一位好國王時，就是最佳延伸寫作的時機。接下來，再請學生寫一封：「國王給人民的懺悔信」，做為全課結束後的省思與回饋。如此一來，國王在懺悔信的反省之下，重新建設一個國家，豈不妙哉！

教學步驟

一 透視主角的內在情緒

　　為了讓學生讀懂國王在這一連串事件背後的情緒起伏，可以運用表格分析主角在段落中表現的情緒有哪些？並藉由學生所拿出的卡片，進一步的提問為什麼會這樣想？

1. 畫出表格標示出段落，請學生對應國王在段落中呈現的內在情緒。
2. 張貼卡片前，要解釋原因並試著說服班上同學是否認同這樣的理由？
3. 表格完後，教師帶著學生檢視主角在課文中隱藏的情緒表現。

段落	課文內容	國王內在的心境（情緒）參考
第三段	1. 大臣看不到衣裳，不敢說出口。 2. 國王沒看到東西，心裡好慌張。 3. 兩人只好點點頭，口中一直說好棒！	不安、緊張、擔心、害怕、恐懼
第四段	1. 國王歡喜穿新衣，開開心心走在大街上。 2. 滿街的人拍拍手，都說衣裳真漂亮，滿街的人點點頭，都說衣裳美麗又大方。	快樂、愉快、放鬆、舒服、滿足、高興、得意
第五段	1. 只有一個小朋友，張大雙眼看哪看，左思右想大聲問：國王明明沒穿衣，大家怎麼看不見？ 2. 國王明明沒穿衣，怎麼大家沒看見？	震驚、憤怒、生氣、抓狂、緊張、難過、失望、沮喪、愧疚、尷尬、驚訝

二 教學的延伸思考

引導寫作之前，建議教師用表演的方式來說故事（因為國王想要改過自新，但不太會寫字，需要小朋友的幫忙）吸引學生的注意，並激起它們的同理心，明白為什麼要幫助國王寫這封給人民的懺悔信。教師的誠懇語氣加上肢體動作，讓學生有一種凜然的正義感，非要幫助國王不可，那麼引導就成功了！

運用「情緒識別卡」檢視國王的複雜情緒（憤怒、生氣、抓狂、懷疑、緊張、恐懼、害怕、難過、失望……）等，不難發現學生已經在做內化思考。憤怒、生氣、抓狂，同樣在說明生氣，可以問學生：「你覺得國王現在是情緒中的哪一個等級？為什麼你會這樣想？」

創意寫作教學

 作文題目：國王給人民的一封懺悔信

　　以國王為主角（第一人稱），寫給人民一封懺悔信表達改過的誠心。

・寫作思考

　　親愛的小朋友，上完了國王的新衣裳，我們都清楚了國王的個性也相信他一定受到了教訓。這次新衣服的事件，讓他實在太丟臉了，也覺得很對不起這些人民，所以想要寫一封信，請求人民的原諒。國王知道你非常會寫文章，所以拜託你幫他這個忙。國王指示你有幾個地方一定要寫出來，這樣人民才會相信他願意改過而原諒他。

・寫作引導綱要

1. 先跟人民說那天沒穿衣服出去遊行，從頭到尾的心情。（越詳細越好，例如： 發現有人在偷笑，心裡覺得怎麼樣？當小朋友說出實話的時候，心情又是怎麼樣？）

2. 第二要跟人民對不起，寫出他有哪些地方做錯了？因為做了這些不對的事情，讓人民有什麼災難或麻煩發生？

3. 跟人民保證會做一個好國王，要怎麼做人民才會更幸福？（可以從食、衣、住、行、讀書、遊戲）這幾個方面來想。

學生作品

高雄市新光國小
梁睿琦

親愛的胖胖國子民：

　　你們好！那天我沒穿衣服走在路上遊行的時候，其實我也很慌張，很怕被看光。一開始，在街上的人民都說衣服很漂亮，我才鬆了一口氣，抬頭挺胸的向前走。但當我突然發現有人在偷笑，我又開始緊張了起來。突然一個小朋友大喊：「國王怎麼沒穿衣服？」我覺得好丟臉又好生氣，好想鑽地洞回皇宮，把那兩個騙子抓起來砍頭！

　　對不起，我錯了！我不應該這麼愛漂亮，每天都要穿新衣裳，浪費國家的錢和布，國家發生什麼大事都不管。冬天的時候，讓你們沒衣服穿，打仗的時候，也沒有錢讓士兵買武器，讓國家處於危險之中。我還愚蠢的相信那兩個騙子，給他們很多黃金，我真的不是一位好國王。

　　遊行那天我回去反省之後，我發現因為我太愛生氣，大臣和人民都不敢對我說實話，我要改掉我的壞脾氣，以後只要我做錯事，請你們告訴我，讓我可以改進。

　　我跟你們保證，我一定要努力做一個好國王，讓你們在胖胖國王的統治下，每天都快樂！我會做到下面的事情：

1. 我要送麵粉和米到窮苦的人家裡去，還要每個禮拜邀請一些人民到皇宮裡吃飯。
2. 我要蓋一間收容所，讓沒有錢買房子的乞丐住，並給他們工作，讓他們可以養活自己。
3. 當你們生日時，都可以來皇宮裡領生日禮物，你可以選擇要一件新衣服或新鞋。

4. 我要蓋十間圖書館，還要寫很多書，讓人民可以學到很多知識。

5. 我要蓋五座遊樂園和運動場，讓人民休閒的時候，可以來這裡玩且完全免費。

最後，請你們原諒我以前做的那些錯事，我會讓你們成為全世界最幸福的人！

　　祝
　　　幸福快樂

　　　　　　　　　　　　　　　　　　胖胖國王 敬上

跳脫課文找亮點，
打造不一樣的教學

文 溫美玉

教學材料 | **選自三上康軒版國語課本〈不一樣的捷運站〉**

　　南港捷運站月臺牆壁上有長長的繪本列車，魔女騎著掃把和列車比賽，車裡的旅客好像在和你打招呼。走進站裡還有許多令人驚喜的創意：兔子和大象陪你走樓梯，小熊和秋千躲藏在車站裡，可愛的小豬穿著粉紅舞衣，抱著月亮的小孩總是抱著最喜歡的玩具。如果還沒到過南港捷運站，找個時間走一走，相信你會喜歡上這不一樣的捷運站。

教學亮點

　　其實，〈不一樣的捷運站〉寫作手法一點都不高明，學生很難從中模仿；換言之，它提供的文體鷹架不明顯，內容也不合理。重點應該是「為什麼不一樣」，結果只敷衍且莫名的急轉「到底這些圖案是怎麼做出來的？」按標題來看，如何把繪本變成牆壁上的拼貼畫，一點都不重要，照理應該繼續深入探索這些人物圖案出現在捷運站之後，大家的反應、評價或改變，怎麼會是介紹怎麼做出來的？所以，因為缺乏這些人物與實際乘客的情感互動與回應，通篇實在讀不出有什麼「價值」，也就是說，這篇文章「主題」到底想表達什麼，讓人摸不著邊。

　　沒有主題，老師反而更可以自己創造。譬如從標題「不一樣的捷運站」來

創意發想，想辦法補充資料，或者延伸題材，讓學生能夠就這題目、題材，跳脫課文找到教學亮點，真正達到「不一樣」的概念。

為了讓這課重新活起來，我把重點放在**「不一樣」**這三個字。

1. 想想，為什麼捷運站會「不一樣」？哪裡不一樣？（課文內容）

2. 捷運站為什麼需要「不一樣」？難道，這些來來往往的人，需要這些人物的幫忙與協助嗎？如果是，是在捷運站的什麼地方？在哪些事件或狀況之下？（延伸思考）

3. 這些牆壁上的人物有什麼特殊本領或專長，可以來擔任這些工作呢？（創意想像 1，p.140）

4. 他們會怎麼樣從牆壁上不能動的「圖案」，搖身一變，變成活靈活現，可以飛天遁地有法力的繪本人物呢？（創意想像 2，p.141）

教學步驟

一 課程思考

讓學生創作一篇「繪本人物飛出來」讓捷運站真的可以不一樣的奇幻故事，所以，教學時必須先想到幾個重點：

1. 人物介紹——外型（長相）、特徵、穿著、道具，正向性格（特質），專長（法力），可以幫助人們克服哪些困難？怎麼克服？（必須找出許多相關圖像，才能讓課程進行順利）

2. 有了這些前置作業的思考，學生大概已經有了故事要寫什麼的方向與素材，接下來就要跟他們討論故事細節，該如何產生與產出。

二 形式上的設計

1. 如何快速整合上教學思考，既要深度，也要顧及有趣。

2. 如果想要整合概念，表格的設計絕對是最有效的方式。

3. 想要有趣，在人物介紹的部分，就用「圖 + 文」的方式，就能大幅提升學習樂趣。

〈不一樣的捷運站〉學習單 1
閱讀學習單──從課文到創意想像

姓名 : ....

名稱	巫婆	三隻可愛的胖小豬	帥氣的玩具兵
	每個人物你都要幫忙取名字		
外型長相穿著特徵道具			
正向性格列表			
特殊能力與專長			
可以幫助人類克服哪些困難？	為什麼？怎麼做？	為什麼？怎麼做？	為什麼？怎麼做？

★【給學生在學校 + 回家功課→放大印成 A3】

〈不一樣的捷運站〉學習單 2

閱讀學習單──從課文到創意想像

姓名：.......................

名稱	靈巧的小兔子	穿著花衣裳的大象	愛玩水的海豚
	每個人物你都要幫忙取名字		
外型 長相 穿著 特徵 道具			
正向性格列表			
特殊能力與專長			
可以幫助人類克服哪些困難？	為什麼？怎麼做？	為什麼？怎麼做？	為什麼？怎麼做？

★【給學生在學校＋回家功課→放大印成 A3】

三 南港捷運站繪本人物圖片欣賞與導覽（網路圖片）

1. 從故事的角度切入，讓孩子進入不一樣的世界與想像
2. 觀察每個人物的外型與特色
3. 想想這些人物會有什麼專長？
4. 你還看到了什麼不一樣的地方？你又想到什麼有趣的事情？

故事寫作討論與實作

• 教學重點

故事怎麼寫才會精采又生動？故事細節怎麼讓學生理解並產出？

• 教學方式

學生實作（製作小書）＋大班討論＋戲劇表演＋口頭發表

親愛的孩子，第六課〈不一樣的捷運站〉為什麼會不一樣？因為有了許多可愛、熱心，而且具有神奇魔法又有正義感的繪本人物，一個一個的走了出來，在人來人往的捷運站幫助人們，鼓勵大家，讓所有的人都能再度面對生活的困難、痛苦、悲傷、恐懼、或是生命中的不如意（不順利）。

所以，捷運站裡，會發生哪些事情呢？這些繪本人物，又要發揮什麼樣的專長去解救他們呢？

現在請你發揮想像力，再加上更多的耐心，慢慢把「神奇捷運站」發生的故事寫出來吧！

作文題目：神奇捷運站

・**寫作引導綱要**

| 封面製作 | **繪本人物飛出來** | 畫出想像的動物當車頭

| 第一章 | **不一樣的捷運站**

1. 神奇的捷運站，有哪些特別的繪本人物呢？請好好的介紹他們（參考已經完成的學習單）

2. 因為這些人物的出現，捷運站整個景觀有什麼不一樣呢？每天進進出出的乘客，會說哪些話？他們會有哪些不同的情緒變化？

> 參考「情緒列表」p.206

| 第二章～第四章 | **捷運站發生的 3 件大事**

★**接下來要寫的每一件事，請包含：**

人物的動作、表情、情緒反應、說話的口氣，還有人物之間的「對話」

★**舉例示範的捷運站事件：一個小朋友被歹徒綁架**

1. 捷運站發生了什麼事？是怎麼發生的？【請描述當天捷運站是一個什麼樣的狀況】

2. 這是一個什麼樣的小朋友？（跟媽媽出門，結果走丟了）【請描述這個小朋友的個性或習慣】

3. 為什麼他會被歹徒（壞人）騙走？這個壞人是怎麼騙他的？他為什麼會相信？【他們之間的對話】

4. 當小朋友媽媽發現孩子不見了，她的反應是？【動作、表情、情緒】

5. 這群好心的繪本人物看到媽媽的反應，會怎麼討論這件事？他們會想要做什麼？【他們之間的對話】

6. 他們要如何幫助媽媽？誰會負責計畫並說明？每個人擔任的工作又是什麼？為什麼這樣分派？

7. 接下來，他們如何接近歹徒？歹徒會怎麼反抗？這時小朋友的情緒反應和動作表情又是？

8. 繪本人物誰要去制止歹徒（壞人）？他們之間會有哪些打鬥動作？會有哪些對話？

9. 最後，歹徒為什麼會被抓起來？是哪些人的合作與幫忙呢？

10. 受到驚嚇的小朋友，誰要去安慰他？教導他？要說哪些道理呢？

第五章 人人都想要來的捷運站

★自從這些繪本人物英勇救人的事情傳出去之後，會發生哪些事呢？

1. 「神奇的捷運站」中的繪本人物，會接受哪些採訪？記者會問他們哪些事呢？他們又會怎麼回答？【他們之間的對話】

2. 報紙和電視會有哪些報導？這些報導會怎麼寫呢？

3. 接下來的每一天，本來平淡無奇的捷運站，會變得哪裡不一樣呢？有哪些人會來看這些繪本人物？他們看到這些繪本人物，會說哪些話？

4. 經歷過這些事情，這些繪本人物會覺得住在繪本和飛出去之後，看到和經歷的事情有什麼不一樣呢？他們又會想說哪些悄悄話送給大家呢？

探訪失敗，
「魯蛇」也有春天

文 溫美玉

教學材料｜選自六上翰林版國語課文，〈歌仔戲第一小生〉、〈尋找石虎的女孩〉、〈滿修女採訪記〉、〈草船借箭〉、〈最後一片葉子〉

教學亮點

　　許多人都認為相較於大陸，我們的課文內容太短太少，不夠豐富，尤其人物刻畫不夠深刻。然而老師們還是可以把放置不同課文的人物故事，一起教學一起討論。因為只要是故事，靈魂絕大多數都是人（主角），所以，只要展開主角的探詢，就會出現亮點了。若想有更爆炸性，又具思考性的討論，那麼就來場幫成功人物「揭瘡疤」、「卸妝」的任務吧。一般書教人成功的太多，正視失敗的書太少，以致我們忘了每個成功都是因為失敗打頭陣，奠下好基礎，才能嚐到甜美的果實。

　　這幾課中，人物都有挫敗、失敗的過程，其中〈草船借箭〉中的周瑜，雖然不是主角，卻在事件栽了大跟斗，所以他最有資格談失敗。其他幾位人物不管成功或失敗，都有值得訪問「失敗」之處，這也說明這種課程好玩的地方就是，只要是人都能大方來談「失敗」，想想，這是多棒的議題啊！

教學步驟｜深度閱讀

一 請從課文中，找出人物挫敗之處，再藉訪問之名，推理和想像當時的心境、反應及當下處理方式。

二 除了課文，你也要訪問家人、同學和自己，一樣把結果記錄在表格中。

參考「情緒列表」p.206

創意寫作教學

一 失敗是怎麼開始發生的？事後回想之後，能夠再拼湊出當時的樣貌與情緒嗎？（如學習單 p.149）

二 「魯蛇」研發中心，專門負責採訪、整理人們的「失敗」經驗之後，帶回基地慢慢研究，並提供人類思考，為什麼會失敗？失敗的經驗真的一無可取嗎？

 「魯蛇」名人堂──名人談失敗（「魯蛇」即英文「失敗者」loser 的諧音）

- **主持人簡介節目型態**
- **主持人開始提問**

1. 先請失敗者簡介：姓名、工作、失敗時的年紀

2. 失敗的事件過程：人、事、時、地、物

3. 當時的情緒與反應

4. 影響的層面與狀態

5. 當失敗時，最希望別人對你做的事？為什麼？你曾經對失敗者做過這樣的事嗎？如果沒有，未來有機會，你會這麼做嗎？

6. 失敗的經驗對你後續有用嗎？請具體說明

7. 如果失敗有個形象，你會怎麼形容？他會長什麼樣子？請用圖像表現出來？

8. 對於失敗，你現在怎麼看待它呢？你還想看到它嗎？為什麼？

9. 失敗如果有性格，它應該會有哪些？為什麼你會這麼說？
參考「性格列表」p.207

・**主持人做結語**：感謝 + 收穫

 一封與「魯蛇」的對話

給「失敗」的一封感恩信　　　　　臺南市南大附小
　　　　　　　　　　　　　　　　溫美玉

親愛的失敗你好！

　　我是你的主人，曾經被你傷得遍體鱗傷的那個女孩，當時我是多麼恨你啊！如果當時手上有一把槍我會毫不遲疑的斃了你，以洩我心頭之恨。當然，我什麼都沒做，也做不了，因為當下的恐懼盤據了我整個心頭，慌亂的思緒彷彿千萬隻螞蟻爬滿我的身軀，我所能做的就是把自己徹徹底底的埋藏，靜靜的、慢慢的，等著時間洗去無止盡的憂傷與恥辱。

　　當時被附著的恨啊！怨啊！難堪之類的負面情緒，以為一輩子都別想擺脫了，但，說也奇怪，這些竟也隨著如風般的歲月悠然而逝了，你說，是不是讓人覺得不可思議呢？好想知道，到底是什麼力量，能夠把你帶走，或者，其實你依然存在，只是我不再視你為寇讎、鬼魅？好奇如我，不斷尋找你的影像，試圖拼湊出那很不真實的過去，你不會笑我吧！

　　在寫這一封信時，我得誠實，我想向你表示一點歉意，為當時我的魯莽與憤怒，還有對你無知的謾罵與羞辱。

　　希望這封信能到你的手上，一來想向你親自致歉，二來更想向您學習，如何在不受歡迎的世界中，依然笑看紅塵，縱橫沙場，絲毫不為外界眼光影響與撼動，相較於成功，你才是我應該學習的對象啊！

給有所「悟道」的主人的信

臺南市南大附小
溫美玉

親愛的主人你好！

我是你曾經唯恐避之不及的失敗，很訝異也很感恩你能再度回首，讓我有機會談談自己。

相較於成功，人人想擁抱，我如同萬惡淵藪，人們最怕與我沾上邊，因為那意味著走向黑暗與絕境。

然而，你們不知道的是其實我們有無數面貌，並非個個都如此面目猙獰與可憎，當然不敢說非常討喜，但初期的失敗其實都不可怕，就是一點點的不舒服、不自在，那是老天派我們去提醒人類，此刻，若還不在意，不斷繼續犯錯，很抱歉，接下來就不會讓你們這麼好過了！

不管如何，還是要跟你們說聲抱歉，我們總是扮演像烏鴉般的角色，永遠無法用最美的身影讓人想牢牢抓住，但，可喜的是，你竟然能夠從另一個角度來欣賞我們，這可是了不起的胸襟與智慧啊！所以，你的信裡問我：「為什麼你不再憎恨失敗？」親愛的主人，因為你的人生已經不再害怕與我們（失敗）共處，你把我們變成你生命中的一部分，讓我們與成功平起平坐，沒有尊卑與階級，於是，你終於看見我們對你的用心良苦，當你的心靜下了，自然能從中體悟為何失敗，更可貴的是，你已領悟到其實邁向成功之前，一路篳路藍縷，絕境中的苦楚是我們陪著你品嘗的啊！

當然，你也漸漸不再為成功所造成的現象所迷惑，如同你常說的：「煙火雖燦爛，美麗卻是剎那間；火把不絢爛，點燃的卻是永恆的光。」如果成功是煙火，那火把就是失敗，笑看紅塵，你辦到了，我親愛的主人！

課文＋自我經驗	失敗（挫敗）的地方	當下的情緒	想法與做法 （推論與想像）
歌仔戲第一小生 楊麗花			
尋找石虎的女孩 陳美汀			
滿修女採訪記			
草船借箭 周瑜			
最後一片葉子 蓮安			
同學或家人			
你自己			

Part 5

教學大進擊

深度閱讀與創意寫作

情緒卡能幫助學生快速聚焦「人物情緒」變化的歷程，又能刺激他們不斷思考，卡片的情緒語詞與人物之間的關聯。

換位思考，超級比一比

文 溫美玉

教學材料｜選自三上康軒版國語課本〈老寶貝〉

> 老火車頭退休，大家把老火車當成老寶貝安放在文物館裡。許多人來參觀陪著老火車頭，他覺得好開心。站長也帶著孫子來看望並說：「老火車頭穿著黑色外衣，又高大又神氣，就是爺爺的老寶貝。」

教學亮點

•「預測」的極致效益？

「預測」策略到底可以發揮到什麼程度？「情緒卡」又能在此發揮出什麼效用？

這課的內容明明是指「老火車頭」，卻用了「老寶貝」當做標題，反差很大非常適合來做「預測」。

一般預測，可以簡短用來開場，快速帶過，但若想「深化」、「組織」、「條理化」這項策略，必須要幫學生搭「鷹架」和派「工作」，才可能有戲唱，也唱得精采，此時，「情緒卡」就派上用場了。

教學步驟

一 掐住課文的重點：老、寶貝、老寶貝

不需看課文，光是課名「老寶貝」會讓你想到什麼？為什麼？

我立即想到的是「老」、「寶貝」、「老寶貝」這三組字和詞，而且很有意思的是，你一定會對它們有「感覺」與「評價」。

是的，你對「老」有什麼直覺的感受？
負面？正面？理由？為什麼？有什麼周遭經驗可以補充說明？

「寶貝」呢？你有什麼東西稱做「寶貝」？為什麼稱做「寶貝」？他對你有什麼特殊意義？

「老寶貝」呢？跟「老」會有什麼不同？你會怎麼定義「老寶貝」？如果你有老寶貝你會想怎麼處理它？對待它的晚年？為什麼用這樣的方式？這樣的方式我們都能接受嗎？

二 用「情緒卡」＋「便條紙」＋「小白板」：當思考與發表的鷹架

怎麼把上述抽象的問題化做實際的教學？就用孩子摸的到，看的見的情緒卡；除此，還需要孩子講出好理由，便條紙就能派上用場；想要讓孩子寫到更清楚的想法時，小白板成了不可或缺的好學具。

三 發表一把罩：對「老」不可思議的活絡與搶手

提到「老」這個感覺時，學生沒有經過多少討論，竟然一個又一個搶著拿卡片，並且提出自己的想法及理由：

- **孤單**：大部分都很孤單，就像我阿嬤一樣很孤單。
- **擔心**：因為老會生病、生氣，生氣會變得愈來愈老，一天一天過去了，時間是無法控制的，所以我覺得很擔心。
- **疲憊**：大部分的老人常常生病，生病就會很疲憊。
- **沮喪**：我覺得老會讓我很沮喪，因為頭髮白色又有皺紋，很醜。
- **煩悶**：因為老代表快要走了，有些老人因為要走了，所以覺得很煩悶。
- **委屈**：我會為了我變老而不安、難過，因為變老就沒有樂趣了，沒人陪我了。
- **嫉妒**：因為年輕人走路很快，我很嫉妒他們。
- **驚慌**：老會讓我覺得驚慌，因為老人都會一直講同樣的事。
- **無聊**：因為老就不能玩，所以我會覺得無聊。
- **恐懼**：因為老了，如果生病很可能會死掉，你的人生就這麼結束了，大家會很傷心，讓人很恐懼。
- **舒服**：我覺得老會讓我舒服，因為可以在家很舒服，而且可以「sleep」，從小到大的每個回憶，永遠是我的寶貝。
- **放鬆**：因為想去哪裡就去哪裡，也可以常常出國。
- **愉快**：因為老這個字聽起來是很久沒有看過的東西，所以很好奇，就會覺得很愉快。
- **得意**：老，可能會經過很多冒險，就會讓人覺得很得意。
- **痛快**：因為老了沒有上班，想要去哪就去哪，我覺得很痛快。
- **滿足**：老了可以當阿公、阿嬤，可以抱抱自己的孫子。

四 「老」的正面、負面感覺超級比一比

為什麼孩子對「老」會有這樣的感覺？負面的感覺多於正面的感覺，是周遭所見的思考嗎？我們的社會普遍對「老」也是這樣的想法嗎？我們對「老」有所準備嗎？

天真的孩子直言不諱，卻不經意的點醒了我們，我們是如何看待「老去」這件事呢？如果這是每個人必經的歷程，又是高齡化社會不得不面對的事實，我們能否從小就讓孩子不怕變老，快樂、優雅、自在的老去呢？

五 「老寶貝」的下場（晚年）與處理方式

提到「寶貝」，「老」似乎不再只是指「人」，所有的物品都可能是我們的寶貝，這些寶貝都會舊或老。

擴大層面之後，希望孩子開始更聚焦來思考「老寶貝」的晚年、末日，雖然是件很殘忍的事情，卻是人人都要面對的課題。

你可能是被處理的「老寶貝」，也可能是處理者，不過，現階段的孩子當然是處理者，所以我想要從他們的角度出發，同理心或是升高一個層次來思索這議題。

1. 「老寶貝」給你的直覺又是什麼？為什麼？

2. 你會想要如何處理你的「老寶貝」？使用的方式是？理由？

3. 每一種方法適合哪些老寶貝呢？為什麼？

4. 你使用的這些方式有哪些優點？

六 小白板：做筆記

上述討論都停留在片段的思考與發表，整整兩節課孩子忙著提問、討論然後把答案寫在小白板，所以，整個黑板非常熱鬧，不過，到底這兩節課老師上了什麼？自己又參與了哪些？只有「寫筆記」最實在，最能整理上課所有重點。

最後，我再利用一節課，先設計一張表格，再請孩子把格子裡的答案一一補上。

「老寶貝」預測＋討論＋心得

1. 看到「老」這個字給你的感覺如何？請舉出各兩個正向、負向的語詞，並且說明理由。
2. 看到「寶貝」兩個字，你會想到的語詞又是什麼？為什麼（理由）？
3. 「老＋寶貝」三個字，你會覺得正面還是負面比較強烈？為什麼？
4. 請你想想「老寶貝」該如何處理？①方法 ②理由 ③哪些物品 ④這麼做的優點？

字	「老」	詞	「老寶貝」
負面情緒語詞		直覺的感受	
理由		想要如何處理（方法）	
正面情緒語詞		理由	
理由		哪些物品	
		優點	

敵我攻防，
雙線情緒大搜索

> **故事編寫**

文 溫美玉

教學材料｜選自二下翰林版國語課本〈紫斑蝶回故鄉〉

這是一篇詩歌，大意是紫斑蝶要回故鄉結伴向北飛，人們架起護網，希望能讓他們平安回到故鄉。

教學亮點

上這一課時，光是在黑板寫上標題，學生馬上想到的就是「一趟充滿冒險的旅程」，所以連課本都不用看，就能聯想整個旅程會遭受到許多危險及苦難，例如：暴風雨、迷路、天敵、國道遇難、想家⋯⋯看到學生如此熱情又富創意，立即想要在教學後製作一本圖文精采的小書。

歷經這麼多的危機剛好提供一則故事寫作的方向，也就是「雙線」情緒大爆發，所謂的雙線就是正、邪人物的「情緒」大搜索，想想看，如果讓正、反兩派人馬相互交鋒，會爆出什麼樣的火花？一來一往間，兩者情緒會有截然相反的變化嗎？這種微妙的變化，學生可以在故事中寫出來嗎？老師該搭什麼樣的「鷹架」，才能協助孩子順利完成這樣的工作？這時候就是「情緒識別卡」上場的最佳時機了。

教學步驟

一 影片導賞：《蝴蝶密碼》（國家地理頻道錄製）

這部影片時間很長可以挑著看，導賞重點有幾項：

1. 紫斑蝶遷徙的祕密——蝴蝶志工的貢獻
2. 紫斑蝶遷徙路線與重重危機
3. 紫斑蝶的生態探索——生滅與繁殖
4. 蝴蝶生命價值的探討

二 寫作引導綱要：從人物「情緒」→ 故事「情節」的擴展

1. 紫斑蝶的天敵有哪些？這些會帶給紫斑蝶哪些危機？
2. 選出「鳥類」代表天敵，讓鳥類和紫斑蝶展開「對峙」、「攻防」(PK)
3. 故事情節「結構」：人物背景、起因、問題、解決、結果、迴響
4. 討論出劇情的衝突，並簡化成綱要，標示在黑板上
5. 劃出中間一條線，代表兩個人物的情緒變化歷程（孩子發現正邪兩派，情緒正好相反）
6. 依照劇情發展，讓學生開始想像「鳥類」、「紫斑蝶」各自的情緒發展，把適合的情緒貼在適合的情節上。
7. 請學生說明貼上那一張情緒卡的理由
8. 協助並提醒學生要記得幫情緒卡寫出人物對話
9. 學生上台為每個重點畫上插圖（塗鴉）

學生作品

臺南市南大附小
二己　　陳采婷

　　強烈暴風雨讓紫斑蝶家族感覺到害怕極了，烏雲密布，風雨不斷的往他們身上吹打，後來，他們好不容易等了三個小時，可怕的暴風雨終於停了，隊長大喊：「快點，我們不能再拖延時間了，不然會來不及。」

　　紫斑蝶聽到了還以為天下太平了，心情很放鬆也很期待，趕緊飛到目的地，可是他們並不知道下雨完，鳥兒也出來找食物餵牠的小寶寶了，這時鳥爸爸、鳥媽媽以為今天應該不會有什麼成果，心裡本來很失望，沒想到一出窩就看到滿山遍野的蝴蝶，他們興奮得不得了，所以連一個準備都沒有就出發了，而且還以為紫斑蝶是笨蛋，一邊唱歌一邊說：「我們好幸運啊！真是太好了，可以飽餐一頓了，哈哈哈！蝴蝶們，你們就要成為我們的大餐嘍！」

　　小鳥張開翅膀，非常得意的正向紫斑蝶衝了過來，ㄅㄛ ㄅㄛ和其他的紫斑蝶早就知道有人想吃他們，所以已經排好戰鬥姿勢，大隊長拔出大刀，而牠的軍隊也拔出各式各樣的武器，ㄅㄛ ㄅㄛ也拿出了四把劍，可是牠們再怎麼也打不過殘暴的鳥類，眼看著朋友們一個接著一個死去，ㄅㄛ ㄅㄛ好悲痛，這時一個非常快速的身影撞上鳥媽媽，鳥媽媽就這樣從天空掉了下來，原來是ㄅㄛ ㄅㄛ的小鳥朋友和甲蟲、蜜蜂、螳蟲來了，甲蟲揮起牠的大腳，把鳥爸爸壓在地面上，讓蜜蜂蜂針扎牠一針，讓螳蟲把牠踢飛，ㄅㄛ ㄅㄛ非常驚喜而且感動，原來緊張害怕的情緒也放鬆了，最後道了謝就繼續往前出發。

臺南市南大附小
二己　　蔡育廷

　　我們度過了暴風雨，終於可以喘一口氣，心裡覺得很愉快，沒想到隊長又喊：「我們還有很多路要走，不要拖拖拉拉，一分一秒是很重要的。」我們的精神也慢慢變好了。

　　這時副隊長跟年紀比較小的紫斑蝶說：「我們的天敵有鳥、螳螂。」這時有一隻小紫斑蝶問：「螳螂是不是三角形的臉，好像鐮刀的手？」

　　副隊長又繼續說：「還有蜘蛛，我們的天敵就是這幾個。」

　　這時在樹上的小鳥白頭翁他們的寶寶正在哭，鳥媽媽說：「你在這裡等喔！我馬上就去抓蟲。」

　　鳥媽媽一轉身，鳥媽媽就驚訝而且快樂的說，「YA！好大的一群紫斑蝶喔！我的孩子可以餵得好飽，鳥爸爸跟我也可以吃得很飽。」

　　這時ㄨˇ　ㄌㄨˋ看到有一隻鳥正在哈哈大笑，感覺很驕傲又得意，好像要來攻擊我們，我們沒有走幾步，小鳥就來攻擊我們。

　　我們看了覺得很害怕又恐懼，這時隊長有個計畫，他叫所有紫斑蝶集合講話，計畫就是，牠飛來的那時候，所有紫斑蝶就集中在一起，變成台灣黑熊！這個計畫真是太聰明了，我們都很佩服隊長，而且馬上有了信心對抗敵人。

　　後來，我們真的嚇跑了小鳥，覺得自己實在太強了，心裡也很感恩隊長的指導。

　　結果鳥的晚餐只有吃人類吃剩下的廚餘，而且晚上還睡不著覺，因為鳥寶寶一直在哭。

一個人的旅行，
淬鍊孤獨中的勇氣

·認知目標

文 溫美玉

教學材料 | 選自五下南一版國語課本〈八歲一個人去旅行〉

　　一個八歲的孩子，獨自坐著開往宜蘭的普通號火車，即將展開生平第一次的旅行。坐在車內往車窗外看到的盡是熟悉的風景，不過，車內陌生的乘客卻讓他有些害怕。一路下來，期待中的大海、龜山島一一出現，心裡感到興奮不已，但，更教他難忘的是偶然相遇的人們，因為突發事件，展現了真摯溫暖的人情味。

　　這是一趟年少孤獨的火車旅行，除了任務圓滿達成，更對人與人之間充滿信心和希望。

教學亮點

　　這是一篇非常深刻又完整的記敘文，作者用了旅行中以為阿嬤死掉的事件，刻畫一個人面對孤獨無助時的幽微心理狀態，更深層的點出每個人一生中都要面對的課題，既然是一個人來，最終也會是一個人走，一個人的旅程，越早開始越好。

　　認知、情意、技能三個教學目標，躍入眼簾的可能是「情意」範疇，然而，這課也能從「認知」的角度切入教學。提到旅行，沒有人不心動，隨著網路

風行，旅行的方式變得更多元也更有趣，尤其年輕一輩對旅行的定義已全面翻新，這是一個令人振奮的改變，意謂著孩子願意接受挑戰，踏出舒適圈尋找新世界。

雖然這課主角是被迫一個人去旅行，但也因此得到生命中最美麗的「自助」旅行經驗，而且深入探索「一個人」旅行時可能面臨的恐慌與無助，這樣的對照的確提供所有想旅行的人參考與選擇，甚至可以「未雨綢繆」提早思考如何因應。

創意寫作教學

📖 作文題目1：○○驚魂記

- **寫作思考**

1. ○○自助旅行記（創意想像版）

   這個學習單主要結合了事件和人物情緒，請學生在閱讀時要特別將人物的心理狀態逐一檢索，這樣才能讀出這篇文章的主題——面對孤獨、恐慌，我們如何誠實接納這樣的情緒，又該如何學習冷靜面對。然後努力尋求適切協助，最終就能領略一切的試煉，都是為了累積下一次出發的能量。

2. 從記敘文到童話故事

   透過課文的解構，特別是聚焦在「情緒」反應，我們可以讓學生用「情緒」當成寫作的鷹架，加上文章的「主題」和另外延伸出去的次主題一下錯站，學著這樣的手法，也來編寫一篇○○動物的「驚魂記」，先從編故事著手，避開學生旅行經驗不足的窘境，一樣可以為未來寫作打基礎。

- **寫作引導綱要**

1. 設定一個主角人物（動物），賦予他（她）被動、內向、畏縮或是任性、小氣、勤奮……的性格。

2. 安排遇難前的背景：場景＋事件起因（例如：出遊走失、刻意離群想學習獨立、父母親有意訓練……）

3. 接著讓這個主角遇難：故事情節＋情緒（參考學習單或自己想像中的困難，例如：被欺負、迷路、下錯站、遇上天災……）

4. 最後記得有所成長與領悟：不應該怕一個人出門挑戰，原來能力是靠不斷挑戰後的累積。

作文題目 2：給「自助」旅行者的建議小書

- **寫作思考**

　　自助旅行風行已久，歐美先進國家總是鼓勵年輕人當背包客，不管遠近就是要走出去，因為這不僅能拓展視野，更是學習獨立的第一步。可惜，我們的教育一向不鼓勵孩子自助旅行，因此，造成年輕人缺乏此型態的旅行觀念，所以，把握此次素材，讓自助旅行風險管理浮上檯面，也讓學生在學校教育過程中得到提醒及訓練。關於旅行風險的資料，網路上有非常多的討論，老師可以自行蒐集，並且請學生研讀後在教室小組或全班討論。最後，再請學生製作成精美的小冊子，這可是他們人生第一本旅遊書呢！若不嫌麻煩，其實應該邀請學生來一趟實際體驗之旅，假日實際就近規劃一場「輕旅行」，路程遠近不拘，時間長短不限，想必一定大受學生歡迎，後續應該也會掀起一股自助旅行風！

- **寫作引導綱要**
  1. **旅行前的準備**：預做功課
     一個人的行程規劃／地理環境、人文風土的理解與準備／安全須知／
     行李準備
  2. **旅行途中**：參觀與安全
     當地食宿安全考慮（若沒有也沒關係）／交通接駁與乘搭狀況／參觀景
     點的安排與安全／記錄參觀收穫──旅遊札記
  3. **旅行歸來**：整理與分享
     整理札記、照片……／沉澱與思考／分享心得與再出發

捏土玩表情，
完整表達自己的感受

· 學寫日記

文 魏瑛娟

教學材料｜選自一上翰林版國語課本〈玩泥巴〉

> 玩泥巴，玩泥巴，爸爸陪我玩泥巴。
> ────────────────────────────
> 我用泥巴做了一個家，有泥爸爸，有泥媽媽，
> ────────────────────────────
> 陪著小小泥娃娃，開開心心在一起，
> ────────────────────────────
> 好像我的家。

教學亮點

　　進行〈玩泥巴〉這一課時，若是想讓造型多一點顏色變化並增加搓揉的手感，我們可以利用「玩黏土」取代玩泥巴的塑型體驗。在引導孩子寫出玩黏土的經過時，可以將這個事件的過程分為前、中、後三個部分，並帶入情緒卡，讓孩子將玩黏土之前期待的心情，玩黏土時興奮的感受，以及做出作品後喜悅的感覺分別描述出來，並運用「就像」這個連結詞，讓孩子用譬喻法將情緒更具體的描述出來。

教學步驟

一 分組捏塑黏土

二 藉由情緒卡表達捏塑時的心情

　1. 將捏黏土的過程分為前、中、後三個部分，分別寫在黑板上。

2. 抽出「快樂」、「愉快」、「開心」、「得意」、「感動」、「幸福」、「驚喜」、「放鬆」、「害怕」、「緊張」、「擔心」這 12 張情緒卡，分給班上學生兩個人一張。

3. 兩個人一起討論手上的情緒卡適合形容捏黏土時「前、中、後」哪個過程。

4. 兩人一起上台將情緒卡貼在黑板上相對應的「前、中、後」過程表格中。

5. 全班分享張貼的情緒卡並口述發表張貼的原因。

三 將情緒以譬諭修辭表達

1. 練習用「很 OO」或是「又 OO 又 OO」，寫出一個情緒語詞或串連兩個情緒語詞。

2. 帶領學生想像各種情緒語詞可以對應的自然界狀態或景物。

3. 用「就像……」來連接情緒語詞與譬諭法的事實陳述。

創意寫作教學

在捏塑黏土的過程中，孩子的興奮與喜悅是不難想像的。而有了具體的操作經驗當做基礎，加之以情緒卡做為中介，孩子很容易的就能理解，如何將捏黏土的事件寫成一篇日記。

因為初學使用情緒卡，我讓孩子從容易懂的情緒卡開始著手。在討論過程中，我請孩子演出情緒卡中的表情及動作，孩子真是天生的演員，不用多說就能將這些情緒非常貼切的演繹出來。在與自然景象做連結時，孩子起初不太懂我的意思，所以我以「晴天」做為例子來引導，孩子反應出「我的心情很期待，就像晴天時，藍藍的天、白白的雲……」有了這個美好的開始，孩子就愈來愈能掌握提示，更能表達了，絕大多數的孩子也都能用「就像」這個連接詞寫出想像的內容。

作文題目：我的黏土日記

・寫作思考

　　今天我們度過了一段很愉快的捏黏土時光，想不想把這個感覺記下來跟爸爸、媽媽分享呢？如果我們能夠把這件事情記下來，過一段時間你再回來看時，你又能想起今天的快樂時光，現在就讓我們把這段美好的回憶記下來！

・寫作引導綱要

1. 早上來到學校，想到下午就可以玩黏土了，你感覺怎麼樣？就像什麼一樣？

2. 在捏黏土的時候，揉著軟軟的黏土，你感覺怎麼樣？就像什麼一樣？

3. 你捏的是什麼造型和什麼造型？捏完之後，你感覺怎麼樣？就像什麼一樣？

4. 你想把自己的黏土作品和誰分享？你覺得他看到了你的作品以後，他會說什麼？

學生作品

臺南市白河國小
一甲　蔡沛霖

　　早上來到學校，想到下午就可以玩黏土了，我的心裡覺得很幸福，就像春天花朵盛開，也好像快要上黏土天堂了一樣。下午，老師先讓大家把黏土上色，揉著軟軟的黏土，我的心裡很緊張，就像地震來了一樣的心情。上完色，大家就開始捏出自己想要的造型，我捏的是外星雪人和銅扳武器。捏完後，我感覺很得意，就像我自己是黏土大王一樣。

　　我想把自己的作品和爸爸分享，我覺得他看了我的作品以後，他會很驚奇的說：「哇！這是什麼？怎麼那麼特別！」

臺南市白河國小
一甲　陳宇璿

　　早上來到學校，想到下午就可以玩黏土了，我的心裡又快樂又感動，就像春天來了一樣。下午，老師先讓我們揉黏土，揉著軟軟的黏土，我的心裡很緊張，就像快要被車撞上了一樣。幫黏土上完色，大家就開始捏出自己想要的造型，我捏的是一家人和三溫暖。捏完後，我感覺又放鬆又開心，就像全家出去玩那時候的心情。

　　我想把自己的作品和我的好朋友分享，我覺得他看了我的作品後，他會說：「哇！我好羨慕你喔！」

從天亮到天黑，練習描摹故事的細節

●文本擴寫

文 段淑如

教學材料｜選自二上康軒版國語課本〈天亮了〉

> 天亮了，太陽公公起床了。
>
> 太陽公公拍拍小草，輕輕的說：「天亮了！」
> 小草挺起腰，看起來很有精神。
>
> 太陽公公摸摸小花的頭，笑著說：「天亮了！」
> 小花抬起頭，看起來很有活力。
>
> 太陽公公伸長手臂，和大樹握握手說：「天亮了！」
> 大樹也向太陽說：「早安！」
>
> 太陽公公輕輕來到我的床邊，親親我的臉。
> 我張開眼睛，笑著說：「早安！」

教學亮點

低年級課文受限於生字及字數的規範，使得文章的篇幅不大，內容太過簡單，常讓老師和家長輕忽而隨意帶過。相同的，坊間也有很多給幼兒或低年

級看的故事書或繪本，也會因為內容和情節過於簡略，而使家長不知如何去引導孩子深入閱讀，當然好玩的創意寫作就無法產出。

〈天亮了〉這一課是篇很簡單的記敘文，乍看雖然簡易，仍然可以從形式深究這個向度，帶領學生去發現文中每一個段落是否有重複的句型？這些句型都長怎樣？有哪些特色？老師可統整表格來提問，帶領學生快速分析解構文本，並學習作者的寫作技巧。接著運用「性格卡」根據課文內容讓學生去推論主角「太陽公公」的個性，並且讓學生依照主角性格和分析出來的寫作手法，去做下一個段落的擴寫，或給予其他角色一張情緒卡來做這些角色「反應」部分的擴寫。最後創意寫作可以將題目改成：「天黑了」，並導讀跟月亮相關繪本當鷹架讓學生仿寫或創作。

教學步驟

一 利用表格解構文本的寫作手法

　1. 是誰？對誰？做了什麼動作？說了什麼話？

　2. 請模仿文本的寫作手法再擴寫另一個段落。（擴寫前必須依照文章內容用性格卡先推論出太陽公公的性格，根據此性格會有哪些可能的動作和對話。）

二 將課文其他角色的簡單「反應」描述進行改寫和擴寫

　1. 每個角色先給一張情緒卡。

　2. 請學生根據這張情緒卡表演角色的反應。

　3. 用表格統整各角色的反應。

表格一

〈天亮了〉的寫作手法

誰	對誰	做什麼動作	說了什麼話
太陽公公	小草	拍拍	天亮了
	小花	摸摸頭	天亮了
	大樹	伸長手臂握握手	天亮了
	作者	走到床邊親他的臉	太陽：「……」 作者說：「早安」
	小鳥	搔搔癢	太陽：「……」 小鳥說：「哈哈哈！不要搔了！太陽公公早！」

表格二

〈天亮了〉各種角色的「反應」的改寫和擴寫

誰	情緒	動作	表情	說了什麼話
小草	舒服	睜開眼睛，伸伸懶腰，揉著眼睛	打哈欠，笑瞇瞇	謝謝太陽公公叫我起床，早起真舒服，可以……
小花	快樂	打開花瓣站起來	想睡又想起床的樣子	太陽公公早，我起床了，我想唱歌、吃美味的早餐
大樹	生氣	睜開眼睛，跳下床，手插腰	皺著眉頭大聲說	太陽公公你很討厭，幹麼叫我起床，我還想睡
作者	疲憊			
小鳥	難過			

教學心得

在教學過程中，孩子擴寫另一個段落時，調皮的學生開玩笑的說：「太陽公公會把小鳥烤來吃！或打牠兩巴掌！」這時，可以拿出性格卡，請孩子根據課文來推論太陽公公的性格，結果統整出來的性格是：活潑、勇敢、誠懇、溫和。再根據這些性格判斷太陽公公會將小鳥烤來吃或打小鳥兩巴掌嗎？透過性格卡，讓學生來判斷不經思考、脫口而出的答案是否合理。老師不需指正或斥責，如此一來，想搗蛋的學生會因為共同推論的結果，覺得合理並接受，會發覺他們的表情與眼神瞬間收斂，很快進入學習的狀態。性格卡這支魔法棒，讓師生上課氛圍呈現很正面、溫馨。

從課文分析的統整表格中，透過太陽公公與各個角色的對話、動作可以發現其中情感流露的層次感。從表格中發現，作者寫作手法是從拍拍→摸摸頭→握握手→到床邊親臉→（最後學生自創）搔癢，展現動作的親暱漸層。若沒有用表格分析統整，是無法覺察這樣的層次感。對話方面也是如此。

最後學生透過繪本分析的表格可以發現，當主角遇到問題時會有哪些情緒。當他經過一連串解決問題的過程中，經歷種種磨練，當然主角情緒的起伏、轉折就會很大，這樣才可以增加故事情節的張力，也能讓故事更精采、更好看。

創意寫作教學

導讀《小貓咪第一次看滿月》，將繪本依照故事結構：背景、主角、起因、問題、解決、結果進行文本分析，並帶領學生利用情緒卡去深入了解主角遇到問題時的情緒和四次解決歷程的情緒。再以這些情緒、故事情節為鷹架，引導出「天黑了」的創意寫作。

・文、圖／凱文・漢克斯
・譯／兔子波西
・出版／臺灣麥克

《小貓咪第一次看滿月》繪本分析

故事	小貓咪第一次看滿月
背景	天黑了，小貓咪第一次看到滿月。
主角	小貓咪
起因	小貓看見圓圓的滿月，以為天上有一碗牛奶。
問題	他好想喝那碗牛奶
情緒	

		解決方式	結果	情緒
解決	一	1. 伸長脖子 2. 閉上眼睛 3. 張開嘴舔	黏到一隻小蟲	
	二	1. 拿出精神、力氣 2. 搖著屁屁 3. 從走廊最高處跳	1. 翻筋斗 2. 撞到鼻子、耳朵 3. 尾巴好痛	
	三	追小碗 人行道→花園→原野→池塘→爬上大樹	碰不到天上小碗	
	四	發現池塘有更大碗的牛奶 1. 往樹下跑 2. 越過青草地 3. 衝到池塘邊 4. 跳入池塘裡	1. 全身溼了 2. 又黑 3. 又餓 →沒喝到牛奶	
	五	乖乖回家	走廊上有一碗牛奶	
情緒選擇	驚喜、生氣、憤怒、抓狂、失望、難過、疲憊、悲傷、沮喪、幸福、愉快、快樂、放鬆、滿足、狂喜、舒服、煩悶、挫折			

📖 作文題目1：天亮了

• 寫作引導綱要

引導學生將課文分成小草、小花、大樹、我、自創角色五個段落，只要將各角色在文本中的寫作手法（表格一，p.171）先寫下，再接寫各角色的「反應」進行改寫和擴寫的部分（表格二，p.171），就是一篇很棒的「天亮了」的文章擴寫。

📖 作文題目2：天黑了

• 寫作引導綱要

2. 天黑了，誰出來了？

3. 主角是誰？他的長相、特徵、個性、興趣、專長各是什麼？

4. 主角看見了怎麼樣的月亮？他以為是什麼呢？

5. 他好想做什麼事？為什麼？

　他想了哪些辦法？怎麼做？遇到什麼困難？心情如何？有什麼結果？（至少要寫三種解決方法，和三次結果！還要加上動作、表情、地點、對話喔！）

★這兩篇文章可以用「雙胞胎小書」方式來呈現，相當有趣！

學生作品

臺中市忠孝國小
二年一班黃丞璽

天亮了

　　天亮了，太陽公公起床了。太陽公公抱抱小草，歡喜的說：「起床啦！」小草皺著眉頭無奈地說：「太陽公公！你為什麼那麼早叫我？讓我在睡一會兒嘛，走開走開！」

　　天亮了，太陽公公起床了。太陽公公搔搔小花的肚子，笑笑的說：「花兒們，該上工了！」花兒睜開眼睛高興的說：「我要開始跳舞了！」

　　天亮了，太陽公公起床了。太陽公公發射出光芒，愉快的和大樹碰碰頭說：「樹老大，你還不起床，難道你不怕我嗎？」大樹生氣的對太陽說：「你這個圓，亮亮的好刺眼，我的眼睛都快瞎掉了，覺得又難過又痛苦。」

　　天亮了，太陽公公起床了。太陽公公悄悄溜進我的被窩，搔搔我的腳趾，鑽到我的耳朵大喊：「哈囉～小帥哥起床啦！準備要上學了！」我嚇了一跳張開眼睛喜悅的大叫：「大家早，又是新的一天的開始了！準備要上學了，太陽公公你真是我的好朋友，每天都陪我起床上學。」

　　天亮了，太陽公公起床了。太陽公公偷偷跑進甲蟲的塑膠桶裡面開心地對甲蟲們說：「早安！要起來工作了！」甲蟲們滿足的說：「YA！新的一天開始了，可以吃果凍和搬木頭了！」

天黑了

臺中市忠孝國小
二年一班黃丞璽

天黑了，月亮阿姨出來了。

今天是中秋節，月亮阿姨的臉特別圓。其他恐龍在賞月時，偷蛋龍趁這個時候開始他的計畫了。這一隻偷蛋龍的名字是小竊竊，有一個有喙的嘴巴，只有 2.4 公尺，比人類高一點，頭上有一個禿禿的布部件，他的專長是可以把蛋偷得很快，而且也沒有人看到，他的特徵是手上有很多羽毛，興趣是有什麼就偷什麼，個性是很膽大又冷靜，是一個很厲害的小偷。

當小竊竊走到外面時，看到了月亮阿姨，讓他以為那是一顆掛在天上的恐龍蛋，讓他看了都快流口水出來了。

於是，他用最大的力量去把全部周圍的石頭，堆成一疊石頭，他站上去時，表情很恐懼，因為那時候他剛好轉身看到一把趙雲留下的長槍，閃閃發亮，他就把長槍拔起來插在一個地方，準備爬上去，但他爬不到半層樓高的時候就滑下來，摔得鼻青臉腫，他只好再想一個更好的辦法了。小竊竊覺得非常沮喪，因為他一直沒辦法拿到天上又圓又大的恐龍蛋。

最後，他走到一個很高大的大樓前，偷偷溜進去搭電梯。他按了 15 樓，電梯開始往上走，終於到了頂樓，離他要吃的蛋很接近，他想摸，卻一點也沒感覺。所以他只好垂頭喪氣地離開大樓，準備回家。

突然他看到另一隻偷蛋龍偷了兩顆蛋。小竊竊很驚喜，他突然想到一個辦法，他對那隻偷蛋龍說：「你看天上那顆蛋比你的大，我幫你拿這兩顆蛋，你快去拿那顆蛋。」傻傻地偷蛋龍把蛋給小竊竊，小竊竊終於滿足的帶著蛋回家了。

細膩刻畫，
聞到等待成熟的味道

修辭轉化

文 李郁璇

教學材料｜選自二下康軒版國語〈綠色的海洋〉

這是一篇記敘文，大意是小月獨自到田裡去找阿公，發現他辛勤地在農田裡工作。小月拿了一杯青草茶給阿公喝，阿公拍拍小月的頭，微笑著說自己很幸福。

教學亮點

〈綠色的海洋〉這一課是未發下課本前，學生票選最想讀的一課。每個小朋友都想知道為什麼明明是藍色的海，在這一課卻變成綠色的？難不成是被施了魔法嗎？還是被倒了綠色的染料呢？或者是海藻長了太多使得海變成了綠色的？這些問題都在預測單上被一一呈現，也間接催化了學生對這一課的好奇心。

這一課真的好美，從題目讓我思考怎麼引導學生去察覺，海洋與稻浪之間的轉化？課文中的「田埂」是什麼？生活在都市的學生，我怎麼讓他在教室看到、體會到「田埂」的功用？天啊！為什麼阿公在田裡面竟然變成了白色的魚？還從這一頭游到另一頭去？這句話到底是什麼意思？阿公與小月之間的互動，在第三段的對話中描寫特別深刻，為什麼他們祖孫二人的情感會這麼好？如果沒有透過性格卡操作與思考，只能靠著課文提供的對話與肢體動

作來判斷，實在太可惜了！ 在最後一段中，阿公與小月在稻浪中快樂的游著、游著……此時他們兩人的心境又是如何？

教學步驟

一 提問與討論

　這一課譬喻法的修辭之外，祖孫之間的情感描寫也很細膩，針對本課提問重點有幾項：

1. 課文把海浪比喻成稻浪，它們之間有什麼關係？
2. 田埂是什麼？有什麼功用呢？請小朋友上台來想像自己走在田埂上的樣子。
3. 今天我們上課用到了性格卡，請你從課文當中找出作者的性格有哪些？
4. 你覺得阿公的性格又是怎麼樣呢？你覺得當一位農夫可能還需要哪些性格？

二 課文主角性格分析 (如表格 p.179)

三 討論與家人或同學相處的情形

1. 舉出事件或例子，說出家人的性格與情緒反應
2. 與同學相處時發生過的事件、對話、行為，推測彼此的性格與當時的情緒。

課文主角性格分析

課文內容	主角	主角性格	情緒
我沿著田埂走著，兩旁的稻浪，高高低低，起起伏伏，好像跳著熱情的舞蹈。	小月	獨立、勇敢、創意十足、自信	愉快、放鬆、開心、舒服、平靜
他正彎著腰，在田裡來來回回走著。放眼望去，一波波的綠色海浪，從田的那一邊，滾到田的這一邊。	阿公	勤奮、活潑、不拘小節	疲憊、孤單、煩悶
「阿公——」我大聲叫著。阿公一聽見呼喊，就挺直腰，對我招招手。我趕快走過去，把背包裡的茶拿給他。	小月	活潑、慷慨、自信	狂喜、得意
	阿公	活潑、溫和、不拘小節	驚喜、感動
阿公拍拍我的頭，微笑著說：「小月，謝謝你！在辛苦的工作後，能喝到青草茶，真是幸福哇！」	阿公	溫和、誠懇	感動、幸福、滿足、快樂

創意寫作教學

因為在課堂上使用性格卡出擊大成功，我就思考將課文的一小段抽取出來，做詳細的段落擴寫。

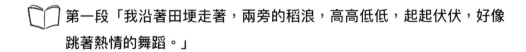

第一段「我沿著田埂走著，兩旁的稻浪，高高低低，起起伏伏，好像跳著熱情的舞蹈。」

・教學步驟

1. 教學目標要請小朋友將小月的性格做細膩擴寫，例如【勇敢】這個性格。我問小朋友，你要怎麼描寫出小月勇敢？由於這一段課文沒有寫，所以我們必須自己加上去，讓文章的層次變得更豐富。

因此，我提供了一個**寫作鷹架：事件 + 反應 + 處理 + 結果**。事件自編，可能是突如其來發生讓人措手不及的事件；反應跟情緒有關，所以再帶入情緒卡的語詞。由於性格是勇敢，我請小朋友想一想，勇敢的性格他會怎麼展現或處理？最後的結果又是如何呢？

2. 兩旁的稻浪，高高低低，起起伏伏只有做視覺的描寫，我請學生加入聽覺、嗅覺甚至觸覺都可以。

後來全班討論出一個句子，這個句子可以讓程度較差的孩子做模仿，程度優異的孩子做更超越性的寫作。

• **課堂討論：**

「我沿著田埂走著，突然出現一隻雙下巴的蟾蜍跳起來，我馬上蹲了下來，讓自己保持平衡。我聞到稻子等待成熟的味道，就像故鄉懷舊的感覺。」

討論完這一句，我真的快笑死了。因為學生覺得出現雙下巴的蟾蜍是一件可怕的事情，但因為小月必須冷靜、勇敢的處理，所以要先蹲下來保持平衡。

有一位學生發表：「我聞到稻子等待成熟的味道。」我整個幾乎要大叫怎麼這麼棒？這麼美的句子，當然要趕緊記錄下來。

學生作品

高雄市新光國小
林妍君

我沿著細細的田埂走著，窄得跟獨木橋一樣。我看到稻米的稻浪正歡迎著第一次來到這裡的我。我聞到稻子等待成熟的味道，就像海風徐徐吹來那種清香的味道。我聽到稻米熱情的呼喚著我，我⋯⋯

突然，一隻壁虎從田裡爬了出來，小月緊張的想：「嗚⋯⋯不知道牠會不會爬上來？」不過，壁虎只是抬頭看了一眼而已，小月剛想要走過去，壁虎卻爬到她腳邊。小月嚇了一大跳，但她還是努力保持平衡，不要讓自己摔倒。一分鐘後，終於，壁虎查覺到小月沒有惡意，於是便讓路給小月，小月慢慢小心翼翼地走過去。

洗手做羹湯，
人人都是大主廚

文 段淑如

教學材料｜選自二上康軒版國語課本〈第一次做早餐〉

今天早上，我輕輕的走到餐桌邊，把吐司、果醬和起司都放在桌上。

我先用草莓果醬，在吐司上塗一個大大的愛心，這是媽媽的最愛。再拿吐司和起司，做出四四方方的小城堡，這是爸爸的早餐。最後，我把花生醬塗在金黃色的吐司上，味道香香的，我的早餐一定很好吃。

這是我第一次為家人做早餐，等一下，當爸爸、媽媽看到了，不知道他們會說什麼呢？

教學亮點

〈第一次做早餐〉在敘述作者趁著爸媽還沒起床前，第一次為他們做早餐。從躡手躡腳地準備著食材，再一個動作一個步驟小心翼翼去完成一份又一份的餐點。作者對每份餐點不管是形狀、造型、醬料、顏色、味道都別出心裁地設計著，藉以表達對父母滿滿的愛。整個做早餐的過程和最後期待家人回應的情緒發展，就是本文的教學亮點，作者內心情緒的起伏或是父母的感受回應都是可以運用情緒卡來進行細緻、有趣的深度情緒推論。

教學步驟

一 課文題目「第一次做早餐的」是在講一件事嗎？重點是在「第一次」？或「做早餐」？還是兩樣都是重點呢？為什麼？

二 「做早餐」應該要寫為什麼要做早餐（原因）？怎麼做早餐（過程、步驟）？做了什麼早餐（形狀、醬料、材料→取美食名稱）？

三 針對「第一次」作者是如何描述「第一次做早餐」的心情？

四 作者做早餐前有準備材料嗎？

五 作者如何描述製作三份早餐的過程？

六 練習用「先⋯⋯再⋯⋯最後⋯⋯」描述一件事。

七 你有沒有製作早餐的經驗？怎麼做？成果如何？有什麼感受？家人的感受？家人說了什麼話？

八 為什麼第一次的經驗讓人難忘？

九 你有哪些第一次的心情？（請用一件事來說明）

教學歷程

　　將課文分成「做早餐前」、「做完早餐」、「看到早餐」、「吃完早餐後」，推論作者和他的爸媽在不同時段可能會有的情緒，以及因應著情緒可能會有的反應（動作、表情、對話），全部用表格做統整記錄（如學習單 p.184）後，最後把自己當成作者來寫出第三課的結局。

第一次做早餐

時間	做早餐前	做完早餐	看到早餐		吃完早餐後		情緒卡 僅供參考
	作者	作者	爸媽	作者	爸媽	作者	1. 開心 2. 緊張 3. 快樂 4. 失望 5. 不安 6. 擔心 7. 挫折 8. 驚訝 9. 驚喜 10. 幸福 11. 得意 12. 滿足 13. 感動
情緒							
反應（動作、表情、對話）	例：我皺著眉頭，張開雙手，聳著肩膀說：「我到底要做什麼好呢？爸媽會喜歡吃嗎？我會做好嗎？不管了！做就對了！」	例：爸媽一大早起床，伸了懶腰，走到客廳看到桌上豐盛的早餐說：「這是誰做的？看起來好好吃？我的肚子咕嚕叫了，快來吃吧！」	演戲 ↓ 接著寫		第三課結局		

教學心得

　　在這一課，因為大量的運用了情緒卡，學生不僅在課堂上踴躍討論，還會主動要求上台表演，讓整個教學情境充滿歡樂，真正的做到寓教於樂。同時，也發現帶學生從情緒進入文本，最大的好處是非常貼近孩子的日常生活，在互動過程中，課文的每個角色，也因為有了情緒卡，孩子把角色的反應演得活靈活現，讓角色的個性很鮮明，讓學生能深入課文並且進行文章擴寫，讓我深刻體悟到，寫作真的是為了讓學生更加讀懂課文。

　　我則請家長在假日挪出親子時間，讓孩子自己動手做早餐或是餐點，並好好品嘗孩子的作品，接受他的心意，說出自己的感受，並鼓勵孩子！請家長錄影由孩子解說他的美食，再 PO 在班級臉書上。

　　讓我不可置信的是，看到「全班的家長們」陸陸續續把孩子第一次做餐點的影片 PO 到班級的臉書上，我的情緒只有用「驚喜」、「狂喜」足以來形容。因為每個小朋友都是最佳的主廚代言人：從拿鏟子、鍋子煎、炒、煮到完成餐點，整個解說過程都有模有樣。還有學生別出心裁：從食材選購、清洗、備料、到擺盤，過程中要講的話與橋段，孩子都自己設計。從炒麵、飯糰、水果沙拉、果凍、茶碗蒸……各式各樣的餐點琳瑯滿目非常豐富。

　　讀寫的魅力，不僅燃燒起學生的「童心」，也讓親師因此更「同心」。

創意寫作教學

 作文題目：○○師美食秀──第一次做○○

・寫作引導綱要

親愛的小廚師：

完成了你的美味料理，老師想要你好好地介紹一次。真正的製作過美味料理之後，你心裡一定更有感覺喔！請你趕緊寫下來、畫下來給老師欣賞一下！

1. 你的美食名稱叫做什麼？（把它當做食譜的名稱寫下來！）

2. 你事前要準備的材料有哪些呢？（寫得越詳細會越有幫助喔！）

3. 開始做美食了 你的步驟是什麼？第一件事要做什麼，之後怎麼樣……可以用課文的連接詞：（先……再……然後……最後……）

4. 過程中要注意的事項和有趣的事（製作過程中發生了什麼事？）

5. 餐點完成後的介紹及享用過程，請把它全部記錄下來（這項餐點有什麼特別的呢？色──造型、顏色？香──香味？味──味道？）

6. 開始做之前，你的情緒是什麼？為什麼？做完這件事之後，你的情緒又是什麼？為什麼？想對自己說什麼話？（這件事對自己有什麼特別的地方？）

7. 爸爸媽媽吃了你用心準備的餐點後，他們說了什麼話？有什麼感受？你聽了之後有什麼感想？

8. 最後，請你把完成的美食畫出來給老師看吧！（讓老師也享受一下！）

學生作品

臺中市忠孝國小
二年一班林祐希

希希師美食秀——第一次做點心

我的美食名稱叫「熱狗金黃捲」。

我事前準備的材料有吐司，煮熟的熱狗，打好的蛋汁和麵粉水。

開始做美食了。我的步驟是先幫吐司切邊，再把吐司壓扁，接著把煮熟的熱狗捲在吐司裡，然後塗一點麵粉水，最後沾一點打過的蛋汁，沾完後，就可以拿去煎了，煎完之後就完成了！你可以切，也可以不切。

過程中首要洗乾淨，材料要準備好才能開始做，不然會手忙腳亂，過程中，我的吐司沒有壓得很扁，所以熱狗捲進去時，吐司有一點破掉。

它最特別的地方是我用愛心做出來的，它是長條形的，它是金黃色的，它香香的，聞到肚子就會餓。

開始做之前，我的情緒是很期待，因為我期待自己做出來的東西很好吃，做完這件事之後，我的情緒是驚喜，因為想不到我居然做出這麼棒的事，我想對我自己說：「你實在太棒了！」這件事最特別的地方是我終於知道做菜的過程了。

爸爸吃了我用心準備的點心後，他說：「哇！太好吃了！」爸爸覺得很感動，我聽完之後，覺得太興奮了。

第三課的結局

　　爸媽伸了一個懶腰，說：「這些早餐是誰做的？」我突然跳出來說：「是我！是我！」媽媽很開心的說：「我的心肝寶貝做的，一定很好吃。」爸爸吃了一口說：「果然好吃，吐司脆脆的，果醬甜甜的，根本是絕配！」媽媽也吃了一口，說：「真的好好吃！真是天堂般的享受！」我也吃一口我的早餐，我說：「實在太好吃了，我吃到不知道怎麼形容才好。」爸媽說：「只要你有空，你就幫我們做早餐，好嗎？」我說：「當然好，我一有空，我就做早餐給大家吃，因為我也喜歡我做的早餐。」大家都說：「太棒了！我們又嚐得到大師做的早餐了。」大家都心花怒放，開懷大笑，我真的好開心喔！

從食衣住行的日常，
體會主角的悲苦

文 李郁璇

教學材料｜選自二上康軒版國語課本〈庾亮不賣馬〉

庾亮有一天騎馬外出，在路上遇到了朋友。朋友一看到庾亮騎著一匹長相不幸的馬，急忙要他趕快賣掉，以免發生不好的事情。

庾亮知道這件事後，不但不賣馬還告訴朋友說：「己所不欲，勿施於人」。村子裡聽到這個消息，都稱讚庾亮的好品德。

教學亮點

〈庾亮不賣馬〉一文的主角有三個：庾亮、庾亮的朋友以及那匹不幸的馬。教學前，我特意地找尋有關庾亮這匹不幸的馬的緣由，原來這匹所謂「不幸的馬」可是大有來頭，是一種叫做「的盧」的凶馬。在三國時代，劉備就曾經騎過。只是，為何名人騎過的馬，還會被稱之不幸的馬呢？這個矛盾一直在我腦海中盤旋，遲遲無法理解。後來，找到一篇文章論述——是凶馬還是義馬，關鍵是看誰騎。這匹馬在還沒遇到劉備之前，真是大家避之唯恐不及。然而劉備卻不信邪，坦然接受這匹馬。果不其然，在一次危急之時，此馬背負劉備跳過數丈的檀溪，逃過了敵人的追殺。

• 有了這樣的概念，這一課我想掌握幾個教學主軸：

1. 以庾亮主角來談，有己所不欲，勿施於人的善念。

2. 以庾亮的朋友所說的話，讓學生思辨因「外貌」而受害的幾個案例。例如：孫叔敖斬雙頭蛇，以及過去傳統社會若生出殘缺不全的孩子，有些會被丟棄不養的實例。這些因為無知的「迷信」所造成的結果，卻害了無辜的動物或者小孩，學生聽來格外沉重卻真實。

3. 庾亮這匹馬 (的盧) 如果會說話，請學生扮演的盧馬的角色，用最真切沉痛的話語，呼籲這些誤會牠的人們，絕對不會帶來不幸的事件。並舉出劉備善待的盧馬，後來逃過追殺的最佳證明。

教學步驟

有了課文深度閱讀的基礎，請學生扮演的盧馬來給大家寫一封信。但對低年級的學生而言，寫作之困難點，其一是學生不知為何而寫？如果教師能在他們心中點燃火花，那燃燒的熱情，絕對會讓人驚訝不已。其二是如何鋪陳？猶記得溫美玉老師曾說過，故事若要精采，必須讓主角遭受不人道的苦難。所以，這部分我用一節課來鋪陳，敘述的盧馬從小因為長相的關係，被主人幾乎虐待般的飼養，讓整個故事情節刻畫生動了起來。

於是我從的盧馬的食、衣、住、行與工作來談。
　·**食**：主人讓牠吃泥巴草，馬兒感覺到很「委屈」而且「失望」。
　·**衣**：別匹馬主人都幫牠裝上美麗的馬鞍，只有牠撿人家剩下來或破爛的來用，心情很「難過」。
　·**住**：主人讓牠睡在外面，天氣很冷也不理牠；給牠住都是蟲的馬房，讓牠癢死，真是「絕望悲傷」啊！
　·**行**：馬蹄鐵是馬最重要的鞋子，但牠的馬蹄鐵都生鏽了，所以都走到腳受傷，看看自己的馬蹄覺得好「自卑」。

・**工作**：別匹馬工作都只搬運個棉花啦、鹽巴，但是牠就要搬磚塊、鐵塊、石頭，真的快累死了，一想到這裡心情就好「沮喪」。

創意寫作教學

📖 **作文題目：的盧馬給大家的一封信**

・**寫作引導綱要**

大家好！我是的盧馬，今天我想用這一封信來跟大家介紹我自己。

1. 跟大家說明你小時候，因為長相不好、大家都說你很不幸，所以受到什麼樣子的對待，從生下來開始，一直到馬場的主人把你養大為止。可以從「食、衣、住、行、工作……來跟大家說你很悲慘的生活，越可憐越好……」好不容易長大了，但大家還是很不喜歡你。

2. 有一天，庾亮來到馬場想要買馬，一看到你就非常喜歡。請你寫下當時的情形。還有跟庾亮走在路上的想法。(人生有了希望～～～)

3. 突然半路上，庾亮的朋友出現了，當你聽到他對庾亮說的話那時候的心情？突然，上天讓你可以說話了，請你說理由讓庾亮的朋友改變心意，救救你自己。

4. 庾亮決定不把你賣給別人，但是想把你殺掉，因為怕有人因為騎在你身上，遭遇到不幸。請你想想辦法說很多原因讓庾亮不要殺你。

5. 最後，庾亮有沒有殺了你呢？老師想讓你自己選擇，到底有沒有被庾亮殺掉？如果有被殺掉，你心裡有什麼感覺，請你告訴庾亮。如果沒有被庾亮殺掉，請你寫出怎麼報答庾亮的做法。

　　故事結局不設限，真實的故事裡，庾亮為了效法孫叔敖殺了的盧馬，我開放讓學生去思考完成這個結局。因為，讓學生感受到真實與想像如何幻化，他們手上的筆就是命運的決定者，這也是寫作最迷人之處啊！

學生作品 | 節錄

高雄市新光國小
江僑真

的盧馬給大家的信

　　大家好！今天有機會跟大家講我的一生，小時候因為長相不好，所以主人都給我吃沾了泥巴的草，有時還給我吃不新鮮的東西。

　　主人每次在分馬鞍墊時，我總是被分到人家用過或剩下不要的。大家的馬蹄鐵如果生鏽了，主人一定會替牠們更換，就只有我是例外，讓我的心情很沮喪。

　　我每天早上都要很早就起床，如果我不起床，主人就會拿棍子打我，有時候我叫不醒，主人會發脾氣叫其他的馬來攻擊我。我每天都要搬很重的東西，甚至主人還會把水桶掛在我的脖子上，真的重死我了！

　　有一天，有個人來到馬場想要買馬，這個人叫庾亮。他走到我旁邊一直看著我，最後終於真的把我買下來了。我好開心又好期待，因為終於可以脫離這個破舊的小木屋了。

　　我跟著庾亮走在半路上，他的朋友跑過來說：「你快把這匹馬賣了吧！」庾亮問：「為什麼要把這匹馬賣了呢？」朋友說：「你還不知道嗎？這種長相不幸的馬，會害了主人。」庾亮說：「那我更不能把牠賣了，害了不知情的人，但是我會把牠殺了！」我聽了這些話，心裡好難過，真希望我能說話。這時，我突然能講話了！我好開心，我跟庾亮說：「我可以跑得很快，而且可以救你，而且也可以搬很重的東西，請你不要殺我好嗎？」

相互尊重，
情比鑽石堅

···• 兩性關係

文 彭遠芬

教學材料｜選自三上翰林版國語課本〈秋千上的婚禮〉

　　介紹魯凱族的婚禮過程和婚禮的意義，勇敢的新娘站在秋千上搖盪，大家一起喝酒、唱歌、跳舞，及表現傳統習俗的「藏新娘」活動，充分表現出魯凱族人愛家和互助的精神。

教學亮點

　　開學的課文預測後，孩子們投票決定從第十三課〈秋千上的婚禮〉揭開這學期國語課的序幕，因為孩子除了對婚禮辦在秋千上感到疑惑、不可思議外，更充滿了好奇，迫切想知道在秋千上辦婚禮的角色、原因和方式。

　　我們的教育幾乎沒有學習個人對愛情婚姻的信念，以及處理衝突能力的兩性課程的機會，因此對婚前正確的愛情觀及婚後適切的兩性相處，有許多如童話故事般不切實際的想像、憧憬與迷思。透過這篇文章，除了認識不同文化的特殊婚禮習俗外，也希望藉此讓孩子從體認魯凱族充滿愛家互助精神的結婚風俗，到開啟對未來另一半的期望及婚姻生活藍圖的思考，進而增進學生對兩性關係的自我覺察與自省能力，建立婚姻與家庭中對男女角色的看法、態度與信念上的正確觀念。正所謂「預防勝於治療」，透過此文，正是完備兩性互相尊重的情意教學機會。

教學步驟

一 課文深度提問及討論

1. 針對課題提出疑問及線索，猜測內容主題。

2. 閱讀課文並驗證預測，形成描寫習俗基本概念。

3. 透過提問討論，了解魯凱族婚禮儀式程序、目的、傳遞的精神等，並整理成表格，形成描寫習俗文化的寫作基模。

二 課文閱讀結合創意寫作延伸討論

1. 課文討論結合寫作計畫表（如學習單 p.195）

將婚禮過程轉換成筆記表格，並於前後加上結婚前和結婚後的情況，透過「性格卡——討論對另一半性格的期許」和「情緒卡——整個結婚過程情緒轉變的自我覺察」的運用，進行想像討論及思考覺察，完成寫作綱要及材料來源。

2. 畫【我心目中的新娘（郎）】活動

透過讓學生進行畫下心目中的新娘（郎），柔化軟化寫作壓力，並刺激想像。

【給新娘（郎）的一封信】寫作計畫表

時間	事件 （是什麼）	怎麼樣？ （動作、對話）	當時的心境 （情緒卡）／理由	感受 （文學想像）	新人性格 （性格卡）／理由
結婚前	戀愛		幸福、快樂……		果決、溫和、謙虛、慷慨、誠懇、文靜……
	求婚、 準備期待		緊張、感動……		
結婚時	盪秋千		緊張、害怕、得意……		謹慎、勇敢、獨立……
	喝連杯酒		滿足、痛快……		
	敬酒、 歌舞祝賀		狂喜、舒服、滿足……		
	藏新娘		不安、擔心、放鬆、感動……		
結婚後	對新娘／郎 的期望		幸福、滿足……		勤奮、自制、慈悲、自信……
	對未來生活 的期望		平靜……		

創意寫作教學

📖 **作文題目：從秋千上的婚禮到【給新郎（或新娘）的一封○○信】**

・寫作引導綱要

　　想像自己是魯凱族婚禮中的新人，在婚禮過後，用書信的方式將心中的感動及感想，告訴另一半。可以從「食、衣、住、行、工作……等，來跟大家說你很悲慘的生活，越可憐越好……」好不容易長大了，但大家還是很不喜歡你。

1. 問候新郎（娘）。

2. 談談結婚前的心情、期待和準備。回想戀愛時第一印象？為何決定求婚（嫁給他）？心情感受如何？

3. 跟新郎（娘）談這場婚禮所經歷的過程，並說說每一個過程自己的內心感受？

4. 大家如何祝福？聽到大家的祝福，我覺得……

5. 對新郎（娘）的表現的看法，哪裡令你印象最深刻？你最想跟新郎鼓勵或分享什麼？為什麼？

6. 你會成為一個什麼樣的新娘（郎）？

7. 希望新郎（娘）未來怎麼樣對待你？

8. 你希望未來和新郎（娘）共度什麼樣的人生？（在相處方式？休閒生活？子女教養？……）

9. 信尾結語、祝福、署名。

學生作品

給新郎的一封信

臺南市建功國小
三甲　黃婉琪

親愛的大帥哥：

我們結婚後的這幾天你過得好嗎？你還記得我們是怎麼認識的嗎？我們第一次見面時，你的心情是怎樣？我第一次見到你的時候，我的眼睛就快要跳出來了！

我想馬上開跑車來求婚，你覺得很開心、很快樂、很高興。結婚前，我很緊張、害羞，你也一樣嗎？

婚禮的過程令我難忘，我們先盪秋千，然後喝連杯酒，接著唱歌、跳舞。盪秋千好像在天上飛一樣，雖然很可怕，但好好玩，讓我忘記了害怕。喝連杯酒的時候，兩個人用同一個杯子，讓我覺得很害羞。接下來大家一起為我們唱歌、跳舞，我覺得好有感情，還祝我們同心協力、早生貴子、幸福美滿。藏新娘最讓我感動，因為看到你找我找得那麼辛苦，就知道你是最愛我的。

你最厲害的是都準備了一些我最喜愛的東西，所以我很期待你送的結婚禮物，嫁給你真的是我的福氣呀！

我想你是最捧的新郎，希望以後你會幫忙做家事。我知道你是個有主見的人，以後一定不會出去找小三。我也希望你很有膽量，可以幫我打蟑螂。我以後會做個很好的太太，希望以後能過著平靜的生活，常常一起逛街、逛夜市，一起手牽手、心連心，幸福美滿。我想生兩、三個小孩，把小孩養得白白胖胖的，變成社會上有用的人。讓我們一起牽手到老，感情比鑽石還堅固。

圈圈的漣漪，
不曾留下一絲皺紋

····● 自然文學

文 李佳茵

教學材料 | 選自五上康軒版國語課本〈湖濱散記〉

　　我喜歡華爾騰湖，也喜歡湖畔的森林和山崗。1845 年，我在湖畔搭了一棟小木屋，住了下來，這是我一生中最美好的時光。一個靜謐的午後，我瞥見一隻潛鳥從岸邊游向湖心，狂野的笑聲不時迴盪在湖的四周。暖和的夜晚，我划著小船去釣魚，聽見夜鶯和狐狸的淺唱、鳥兒的啁啾，幾千條游魚環繞著我。我在湖濱散步、沉思、寫作，一點兒也不寂寞。

教學亮點

　　這一課改編自美國著名文學家梭羅的創作《湖濱散記》，堪稱美國文學經典之作，內容主要描寫梭羅隱居在華爾騰湖，和大自然共處的時光。雖然課文已刪減許多艱澀難懂的文字，但我認為，像這樣被改寫過的自然文學還是不易理解，如果沒有實際的生活體驗，很難進入孩子的內心。文學作品中，最珍貴的價值莫過於作家的「思想」，在進行閱讀教學時，若能透過延伸資料的補充，引導孩子將作者生平及創作背景與課文連結對照，再運用「雙卡」帶領孩子穿越時空，進行角色扮演，根據當時的場景與情境做深入探討、體驗，孩子自然能領會作者的創作歷程，也能一窺文學大師的內心世界，進而了解華爾騰湖對梭羅的意義與重要性。

教學步驟

一 根據課文描述「梭羅和大自然互動」的部分進行提問，引導學生討論出作者當時的心境，在黑板上繪製成表格。

　1. 內容提問：在「靜謐的午後」和「暖和的夜晚」，作者在做什麼？他發現了什麼？他和大自然的互動如何？

　2. 小組討論：發下情緒卡和便利貼，請學生根據文章中的情境描述，推論出梭羅當時的心境或情緒，並將理由寫在便利貼，最後再貼在對應的情緒卡。

　3. 各組輪流上台發表討論後的想法，並將卡片貼在黑板上的表格。

時間	梭羅和大自然的互動課文內容	當時的心境（情緒）
靜謐的午後	梭羅和潛鳥在湖上玩遊戲，潛鳥狂野的笑聲不時迴盪在湖的四周。	開心、愉快、痛快、得意、驚喜、狂喜
暖和的夜晚	梭羅在午夜划著小船去釣魚，在船上吹笛，聽見夜鶯和狐狸的淺唱、鳥兒的啁啾，幾千條游魚環繞著他。	快樂、放鬆、舒服、滿足、幸福、狂喜、感動

二 延伸閱讀：從「閱讀書評」到「製作表格」

　上網搜尋《湖濱散記》書評──〈德不孤，必有鄰〉(http://mypaper. pchome.com.tw/jawin/post/692468)，把文章印給孩子，請孩子閱讀後，劃出重點及不懂的地方，再透過全班共同討論，釐清文章細節，運用表格歸納出梭羅的生平及思想、作品風格及內涵，最後，特別針對梭羅的特殊經歷，拉出「情緒」及「性格」兩條線，引導學生將自己的想法和理由整理成筆記，為之後的創意寫作搭好鷹架。

梭羅的經歷	當時的心境／理由（情緒卡舉例如下）	歸納梭羅性格／理由（性格卡舉例如下）
因反對資本主義、奴隸制度而入獄。	生氣、憤怒、抓狂、疲憊、煩悶、失望	勇敢、慈悲
在華爾騰湖畔隱居期間，自己蓋小木屋，以自給自足方式過活，其餘時間都用來閱讀、寫作和親近大自然。	快樂、舒服、放鬆、滿足、感動、幸福	勇敢、果決、自信、獨立、驕傲

創意寫作教學

 作文題目：梭羅回憶錄

請參考國語課文及導讀資料，以梭羅為主角（第一人稱），完成一篇故事創作。

• 寫作引導綱要

1. 介紹你自己：身世背景？個性？喜歡的事物？為何到華爾騰湖隱居？

2. 在華爾騰湖住了多久？靠什麼維生？在那裡過什麼樣的生活？

3. 在湖上的活動：做什麼？發現什麼？感受如何？

4. 在湖濱生活的那段時光，有什麼特別意義與特殊情感？

5. 你期待《湖濱散記》帶給後世什麼樣的影響？

學生作品

臺南市龍潭國小　五丁　呂宥穎

梭羅回憶錄

　　我是梭羅，出生於美國波士頓康考特小鎮。我雖然終身未娶，也沒幾個朋友，但我非常熱愛大自然。我喜歡獨來獨往，生性豁達、勇於冒險、懷有赤子之心。雖然我是因為反對資本主義和奴隸制度才搬到華爾騰湖，不過卻有人說我逃避現實。其實，他們都誤會我了，我也是非常關心這個社會的。

　　我在華爾騰湖住了兩年又兩個月，只花了二十九元美金建造木屋。我是靠打獵、種菜過活，吃的都是最天然的食物喔！華爾騰湖一年四季各有特色，春天百花綻放；夏天蟲鳴鳥叫；秋天充滿詩意；冬天十分寒冷，可是我對寫作還是一樣充滿熱情。

靜謐的午後，溫暖的陽光灑在乾淨的湖面上，發出一道道耀眼的光芒，真是美極了！這時，我喜歡划著小船沿著湖岸前行。有一天，我看見一隻潛鳥從岸邊游向湖心，發出粗獷的笑聲，還露出一臉得意的表情，看到牠那狡獪的模樣，我也不甘示弱，發出狂野的大笑，於是，人和鳥的笑聲就像一首五音不全的狂想曲，迴盪在蜿蜒的湖岸、森林和山崗，雖然好笑，卻非常熱鬧！

　　夜晚的華爾騰湖，多了一份神祕。有一次，我在午夜划著小船去釣魚，沒想到，竟釣上一隻金色大鯉魚！「哇嗚……」我不由得開心大叫，貓頭鷹彷彿感受到我的狂喜，也跟著在森林裡亂飛亂叫。在黑夜裡，那種感受真是奇妙。我在華爾騰湖，經常聽見這些悅耳的旋律，感受到前所未有的幸福。

　　《湖濱散記》是我的曠世鉅作，裡面的故事是我在華爾騰湖的生活點滴。我希望大家閱讀完我的作品，可以和我一樣珍惜大自然萬物。我在書中寫到：「華爾騰湖不會老，圈圈的漣漪，不曾留下一絲皺紋。」但是，我想告訴各位，如果我們繼續破壞大自然生態，總有一天，華爾騰湖也會日漸衰老，青春不再。

了解方能有共鳴，
替萬物發聲

文 林怡君

教學材料｜選自五下康軒版國語課本〈閃亮的山谷〉

　　舅舅打電話來，約我們到他的農場裡看螢火蟲，媽媽百思不解的問：「螢火蟲不是消失了嗎？農場裡哪裡還有螢火蟲？」我們滿懷疑惑，坐上車往山裡開去。舅舅告訴我們：「我也是研究很久才找到答案，當年外公為了增加農作物的產量，大量使用農藥，使螢火蟲賴以維生的小蝸牛也無法生存，所以螢火蟲才會跟著消失。現在我們都不用除草劑了，在螢火蟲的繁殖期也儘量減少開燈，讓螢火蟲可以順利地藉著發光器的光找到配偶，繁衍下一代。」

教學亮點

　　隨著溫室效應的產生，凸顯了環境議題的重要，因此，希望藉由文章讓孩子愛地球的心油然而生。然而，我們經常是以人類的觀點去看待生存的大地，盼望如何讓自己有更好的生活，但是，其他生物或許會覺得自己才是生存在這個世界的主角，是人類破壞他們生存的空間，是人類毀壞原本屬於牠們的一切。

　　本課藉由一家人受邀回到山谷，重新又看見螢火蟲，透過螢火蟲復育的事件，來教導孩子環境教育的重要。文章雖淺顯易懂，卻失去了環境往往是牽

一髮而動全身的複雜性，孩子會單純的以為只有農藥和光，消滅了螢火蟲，殊不知其他原因也影響牠的生態環境。況且復育工作並不是那麼簡單容易，需要耗費不少時間和努力，孩子光靠文章是無法明白的。

所以，我蒐集了相關資料，好讓孩子對文章中亟待保護與重視的主角——螢火蟲，能有更完整的了解。因為唯有了解，才能產生共鳴。接著，再讓孩子換個角度去思考，把自己變身為螢火蟲，從自己是一隻螢火蟲的角度來看人類的行為，從人類未出現之前、人類開始破壞環境之後，和人類開始轉變懂得愛護環境，小小的螢火蟲曾歷經怎樣的波折呢？牠的心情感受又是怎樣呢？想對人類說哪些話呢？

教學步驟

一 深度閱讀：透過網站資料與影片欣賞，讓孩子充分了解螢火蟲。

1. **消逝中的螢火蟲**

   http://web.cdps.ntpc.edu.tw/rong/firefly/fireflys/firefly/fireflya1.htm

2. **下課花路米〈螢火蟲〉**

   https://www.youtube.com/watch?v=nM4XlJFm2tE

3. **螢火蟲的一生**

   https://www.youtube.com/watch?v=70Eqfz6QjC0

4. **螢火蟲的保護與復育**

   https://www.youtube.com/watch?v=962ox3l553A

5. **夜晚螢火蟲的情景**

   https://www.youtube.com/watch?v=7Mi9tQgALog

二 角色扮演：讓孩子化身為螢火蟲，一邊振著雙翅，一邊到黑板上拿卡片，依照下列的故事情節，放入適當的情緒卡。

時期	螢火蟲強盛時 （人類未出現）	螢火蟲衰亡時 （人類出現後）	螢火蟲又被復育時 （人類良心發現後）
情緒			

三 將情緒具體化：讓大家發表該如何用字句表現出「得意」、「悲傷」等字詞，如「憤怒」——看見你們人類一直噴灑農藥，我真是氣憤到極點了！

在教學過程中，我看見孩子完全沉浸在創作的氛圍裡，我想，那是孩子想替螢火蟲發聲的正義感使然。一邊寫，也一邊反思自己的行為，更油然生起要愛護環境的使命感。透過寫作與角色互換，讓孩子發自內心感受到愛惜大地與珍重萬物的重要。

創意寫作教學

・寫作引導綱要

1. **先自我介紹**：我的名字是○○○，我是一隻小小的螢火蟲，我是什麼種類、住在哪裡、吃什麼東西、我的特點是什麼、這個特點的用處是什麼？

2. **從興盛到衰亡**：先寫出王國的強盛、閃亮的山谷情景、帶來的美麗……接著再寫人類出現後的危機降臨和造成的結果（至少三個）。

3. **復育之後的期待**：人類良心發現後，開始如何復育我們，及希望人類未來可以如何。

學生作品

嘉義縣蒜頭國小
劉秀樺

螢火蟲的獨白

　　我是一隻螢火蟲，我的種類是紅胸黑翅螢，我的名字叫「小莉」，我生活在寬闊的草地上，小時候，我喜歡吃小蝸牛、蛞蝓或蚯蚓等螺貝類，現在可不一樣嘍！現在的我可是一隻喜歡吸食花蜜或露水的螢火蟲，我的特點是我有發光器，這個發光器可以警告敵人不可以靠近我，也可以幫助我尋找配偶，繁衍下一代。

　　曾經，我的螢火蟲家族，每天都過著無憂無慮的生活，而且人類也喜歡我們發出的亮光，可是我發現，你們人類竟然噴灑農藥或殺蟲劑來害死我的家人和同伴，連我愛吸的花蜜或露水都被染上了臭臭的農藥，這回教我們怎麼生存呢？還有還有，你們每天晚上都把路燈打開，使我們找不到配偶，找不到就無法生小BABY，螢火蟲就會滅種呢！最令我頭痛的是你們還把我居住的地方開發成水泥地或建築物，這樣我們就沒有辦法繼續生存啦！可是，我們小小一隻，根本無法阻止人類繼續傷害我們，真令我覺得又難過又無力。

　　幸好，最近幾年，你們終於良心發現了，開始復育我們，你們不再噴灑殺蟲劑或農藥，讓我們不用再聞到臭臭的味道，也讓我的食物重新開花；你們不再在我們居住的環境架設燈光，讓我們找到我們的夥伴；你們還呼籲少把我們的居住地水泥化，這一切的一切都是為了我們著想，你們這麼做，我好感動，也很感激你們，我好希望你們可以保持下去，不要再欺負我們了。

「情緒＋性格」雙卡詞彙列表

情緒識別卡						
強度　⟨弱⟩						⟨強⟩
快樂	愉快	高興	快樂	驚喜	痛快	狂喜
舒服	放鬆	舒服	感動	得意	平靜	幸福
難過	失望	疲憊	委屈	難過	孤單	悲傷
害怕	不安	緊張	擔心	害怕	驚慌	恐懼
生氣	煩悶	挫折	嫉妒	生氣	憤怒	抓狂
其他	無聊	尷尬	驚訝	討厭	愧疚	震驚

性格特質卡					
果決	猶豫不決	勇敢	畏縮	誠懇	狡猾
活潑	文靜	獨立	依賴	慷慨	小氣
慈悲	冷酷	自制	任性	勤奮	懶散
謹慎	草率	創意十足	墨守成規	不拘小節	吹毛求疵
自信	自卑	溫和	暴躁	謙虛	驕傲

正向性格					
果決	勇敢	誠懇	慷慨	勤奮	驕傲
活潑	文靜	獨立	慈悲	自制	謹慎
自信	溫和	謙虛	不拘小節	創意十足	

溫美玉備課趴

情緒表達與寫作的雙卡教學實錄

溫美玉備課趴——情緒表達與寫作的雙卡
教學實錄 / 溫美玉等著 . -- 第一版 . --
臺北市：親子天下 , 2016.06
208面 ; 17x23公分 . -- （教育與學習系列）
ISBN 978-986-93179-0-0（ 平裝 ）

1. 情緒教育 2. 小學教學

523.39　　　　　　　105007744

作　　者｜溫美玉、彭遠芬、段淑如、李佳茵、李郁璇
　　　　　林怡君、徐培芳、楊沛綸、魏瑛娟
封面插畫｜賴馬
責任編輯｜江美滿
編輯協力｜陳冠佑、黃麗瑾
美術設計‧內頁插畫｜nicaslife
封面攝影｜鄒保祥
行銷企劃｜林育菁

天下雜誌群創辦人｜殷允芃
董事長兼執行長｜何琦瑜
媒體產品事業群
總經理｜游玉雪
總監｜李佩芬
版權主任｜何晨瑋、黃微真

出版者｜親子天下股份有限公司
地　　址｜台北市 104 建國北路一段 96 號 4 樓
電　　話｜（02）2509-2800　傳真｜（02）2509-2462
網　　址｜www.parenting.com.tw
讀者服務專線｜（02）2662-0332　週一～週五：09:00~17:30
讀者服務傳真｜（02）2662-6048
客服信箱｜parenting@cw.com.tw

法律顧問｜台英國際商務法律事務所‧羅明通律師
製版印刷｜中原造像股份有限公司
總經銷｜大和圖書有限公司　電話：（02）8990-2588

出版日期｜2016 年 6 月第一版第一次印行
　　　　　2022 年 9 月第一版第十五次印行
定　　價｜300 元
書　　號｜BKEE0162P
ISBN｜978-986-93179-0-0（平裝）

訂購服務——————————————————————
親子天下 Shopping｜shopping.parenting.com.tw
海外‧大量訂購｜parenting@cw.com.tw
書香花園｜台北市建國北路二段 6 巷 11 號
　　　　　電話（02）2506-1635
劃撥帳號｜50331356 親子天下股份有限公司

立即購買 >